EDAF

MADRID - MÉXICO - BUENOS AIRES

RAMIRO CALLE

RELAJACIÓN Y RESPIRACIÓN EN CASA CON RAMIRO CALLE

BOLSILLO EDAF

Agradecimientos

DESEO EXPRESAR mi más sincero agradecimiento a mi admirada y respetada amiga Lavanya Prasad (Ministra de la Embajada de la India en España), por su aliento y cooperación; también a A. M. Basheer (Director de la Oficina de Turismo de la India en Madrid), por su colaboración y su entusiasmo en promover la cultura india; asimismo, a Delna Jasoomoney (ejecutiva del Grupo Taj de Hoteles), por su proverbial amabilidad y eficiencia; a mis buenos amigos indios Kuldeep Singh (Director de la agencia de viajes «Hi-Lander» en Shimla) y S. J. Shankar (Lobby Manager del Hotel Imperial de Delhi), que son dos magníficos profesionales y personas; a mi entrañable y fraterno amigo Publio Vázquez, que comparte conmigo el interés por la práctica de las milenarias técnicas del yoga y el estudio de las psicologías y filosofías de la India.

Índice

Introducción

*L*OS *antiguos maestros de China declaraban que lo primero y más esencial que debe aprender un ser humano es a respirar y a reír. Tendríamos también que añadir a relajarse, aunque ya aprender a respirar y a reír es también un modo de distensión, desbloqueo y relajación. Pero ciertamente son pocas las personas que saben respirar y relajarse. La mayoría de los seres humanos respiran superficial y arrítmicamente, e incluso por la boca, a pesar de que la nariz hace las funciones de filtro y calentamiento del aire y permite una respiración más regular. Asimismo, todos vivimos en umbrales muy altos de ansiedad, con la tensión sobredimensionada, que se refleja en crispación neuromuscular, contracturas y bloqueos mentales y emocionales. No sabemos respirar; no sabemos relajarnos... ¿Sabemos al menos reír y sonreír?*

Entre las diversas fuentes de energía se encuentran la respiración y el oportuno descanso. Si respiramos incorrectamente, desaprovechamos una preciosa fuente de energía, en tanto que si aprendemos a respirar más uniforme y conscientemente, mejoramos el aprovechamiento energético. Por otra parte, el verda-

dero descanso no consiste en una aparente inactividad, si prosigue la tensión neuromuscular, el ajetreo mental y la fragmentación psicológica. Mediante la relajación profunda se obtiene un descanso realmente reparador, porque se elimina la tensión neuromuscular, se pacifican las emociones y se calma la mente. Aprender a respirar y aprender a relajarse beneficiará a todo el mundo, y no se trata de un lujo, sino de una necesidad específica. La respiración correcta y la relajación profunda favorecen:

— El cuerpo, sus energías y funciones.
— La mente y sus potencias, beneficiando la concentración y la unificación de la consciencia.
— Los conductos energéticos, permitiendo una circulación más fluida de las energías, al limpiar dichos canales de impurezas.
— Los centros energéticos, al incrementar la energía a los mismos.
— El carácter, al afirmarlo y estabilizarlo.
— El comportamiento, pues nos relacionaremos desde la calma y el bienestar y no desde una excesiva tensión que desencadena irritabilidad, mal humor y fricción.

El principio vital del universo es el prana, que emerge de la Energía Cósmica o Shakti. Compenetra todo el universo y rige toda forma de vida. Es una potencia dinámica que está en la electricidad, el calor, la luz y el ser humano. Nada hay en el ser humano que no esté bajo la influencia y las leyes del prana. Prana es la vida y, por tanto, el movimiento. Hasta las partículas subatómicas existen gracias al prana. En el ser *humano se difunde como cinco elementos: prana propiamente dicho, que regula el corazón y la respiración;* apana, *la excreción;* samana, *la digestión;* udana, *la deglución, y* vyana, *la circulación de la sangre. Son las distintas modalidades de la energía vital que es prana. Si prana mantiene su perfecto equilibrio, hay salud; en caso contrario, hay malestar.*

Mediante la respiración tomamos prana y lo distribuimos por todo el cuerpo físico y el cuerpo energético, pero además potenciamos energías aletargadas. Asimismo, la respiración regular equilibra los tres principios orgánicos: aire o energía, función linfática y temperatura, consolidando la salud. Por otro lado, hay una estrechísima conexión entre respiración, órganos y mente. Aprendiendo a respirar, obtendremos una armonización psicosomática que nos hará sentirnos más plenos.

La relajación profunda no es solamente un medio para prevenir o superar las tensiones neuromusculares, psicosomáticas y emocionales, sino también un viaje hacia lo más interno de uno mismo. En la medida en que se inmoviliza el cuerpo, se va pacificando la mente y uno, en quieto y apacible remansamiento, va accediendo a uno mismo, absorbiéndose en el revelador y renovador silencio interior. El aprendizaje de la relajación profunda nos enseña el arte de parar. *La detención consciente del cuerpo y de la mente nos suministra no sólo un descanso muy profundo y reparador, sino la capacidad de conectar con lo más nuclear de nosotros mismos.*

El yoga es un método de mejoramiento humano y una ciencia integral de la salud, a la par que la más antigua técnica de autorrealización. Por fortuna, dispone de un gran arsenal de métodos psicofísicos para el perfeccionamiento integral del ser humano. Dos de estos métodos son la respiración yóguica y la relajación lúcida. Están al alcance de cualquier persona. La clave del éxito no es otra que un poco de paciencia y perseverancia. Comience hoy a practicar; no lo deje para mañana. En última instancia, usted es su maestro y usted es su discípulo. ¡Ánimo! El camino ya es la meta.

RAMIRO CALLE
*(Director del Centro de Yoga
y Orientalismo «SHADAK»)*

Aprender a relajarse

La relajación: Fuente de energía, bienestar y equilibrio psicosomático

---

COMO señalo en mi obra *El punto de quietud* *, todo ser humano vive en umbrales muy altos de ansiedad. La ansiedad es una sensación difusa y displacentera que cursa como agitación, incertidumbre, angustia, tensión sobredimensionada, dispersión y malestar general. Aunque la ansiedad nos viene también dada por factores ansiógenos provenientes del exterior, hay una ansiedad que es el resultado de conflictos internos, tendencias ambivalentes, desorden psicológico y contradicciones que hierven en el subconsciente. La ansiedad, que es un síntoma derivado del desorden psíquico, origina tensiones, contracturas y nudos en la musculatura y afecta incluso a los órganos internos, las glándulas y humores orgánicos. Por su parte, la crispación muscular a su vez también insufla la ansiedad, la tensión excesiva y la agitación. O sea, la angustia mental

---

* *El punto de quietud*, Editorial Edaf, Madrid, 1992.

y psicológica tensan la musculatura, y esta tensión a su vez engendra mayor agitación psicomental. Mente y cuerpo se corresponden, y el yoga, como precursor de la ciencia psicosomática, descubrió ya en sus orígenes que lo que afecta a la mente influye en el cuerpo, y viceversa. La relajación consciente calma los procesos psicofísicos, equilibra la unidad psicosomática y ayuda a resolver la ansiedad. Los yoguis desde siempre han dominado el arte y ciencia de la relajación. La profunda relajación del cuerpo tiende a tranquilizar la mente, como la armonía del contenido mental tiende a desbloquear el organismo. Pero la relajación es, además y sobre todo, una importantísima fuente de energía. Si aprendemos a relajarnos, no sólo no malgastaremos inútilmente nuestras mejores energías, sino que aprenderemos a economizarlas e incrementarlas. Una persona menos tensa y angustiada utiliza más sabia y equilibradamente su prana o fuerza vital. Al haber menos bloqueos, el prana fluye mejor por los conductos energéticos y no es quemado en exceso por contracturas musculares, irritación nerviosa y agitación motriz y psicomental. El ejercitamiento en la relajación favorece somática, mental y energéticamente. A menudo la energía se estanca o atasca debido a las tensiones neuromusculares y psicomentales, originando malestar de distintas clases y grados. Cuando el prana no circula libremente, se alteran los ritmos orgánicos, se desequilibra el sistema glandular y se perturban las funciones psicosomáticas. Por el contrario, si el prana circula más libremente, hay una sensación de euritmia, plenitud, seguridad y equilibrio, y se aumenta la capacidad de resistencia, acción y rendimiento del cuerpo y de la mente. Por otro lado, la relajación dispone de una gran capacidad para sedar el sistema nervioso, regular las funciones orgánicas, eliminar innecesarias y perjudiciales crispaciones, distendir y proporcionar un estado de bienestar al cuerpo y a la mente. Cuando la persona aprende a relajarse, también podrá estar más relajada en la vida diaria y, asumiendo sus actividades cotidianas, será menos reactiva mental y psicológicamente, resultará más ecuánime y malgastará menos sus energías. Toda persona, sin duda, debería ejercitarse en la práctica de la relajación, porque favorece incluso una actitud de calma que nos será de gran ayuda aun en situaciones difíciles, circunstancias adversas o hasta cuando debamos estar enfermos. La relajación previene, asimismo, contra muchos trastornos de naturaleza psicosomática, mejora el comportamiento y la relación, estabiliza el carácter y permite armonizar el contenido mental y la esfera psíquica. Se trata de una práctica sencilla y que está al alcance de cualquier persona. Sólo basta con entrenarse y ser asiduo y un poco paciente. Aunque sólo fuera por su alcance psicohigiénico, deberíamos aprender a relajarnos, y más en sociedades sobretensas, competitivas y hostiles. Así se baja el dintel de la ansiedad y se vivencia la vida con mayor tranquilidad, satisfacción y contento.

Entre los efectos positivos del ejercitamiento en esa ciencia que es la relajación y que consiste en ir descontrayendo más y más a la luz de la consciencia, destacaremos:

— Reconcilia a la persona consigo misma y le ayuda a superar bloqueos y tensiones de origen físico, mental o psicosomático.
— Colabora en la superación de conflictos internos.
— Enriquece interiormente.
— Reporta energías.
— Coordina la unidad psicosomática.
— Desarrolla la atención mental y la concentración.
— Unifica la consciencia.
— Facilita la interiorización.
— Aumenta la capacidad de resistencia a los factores ansiógenos provenientes del exterior.
— Tranquiliza el cuerpo y el órgano psicomental.
— Previene contra trastornos psíquicos y psicosomáticos.
— Despeja de impurezas los canales de energía y permite que esta fluya más libre y, por tanto, benéficamente.

Método de autorrelajación

Se trata de un método de aprendizaje de relajación profunda estructurado en treinta sesiones y que permite obtener fases avanzadas de relajación total. Cada sesión puede durar de veinte minutos en adelante. Aunque se puede hacer la relajación sentado, es preferible aplicar el autocurso en la posición de decúbito supino, o sea, extendiéndose sobre la espalda y sobre una superficie ni demasiado dura ni demasiado blanda. Si la persona tiene algún trastorno de vértebras, o columna vertebral en general, puede auxiliarse con uno o varios cojines, a su comodidad. Es importante mantener muy viva la atención y seguir el autocurso con rigor, asiduidad y constancia. De ese modo es seguro que se obtendrá un nivel óptimo de relajación en las treinta sesiones que presentamos.

1.ª sesión:

Se dirige la atención a los pies, se sienten, y se trata de relajarlos tanto como sea posible. Si se relajan bien, caerán, respectivamente, a uno y otro lado. Es mejor tener las piernas y los pies ligeramente separados, como uno se sienta más confortable. Toda la sesión se dedica a la relajación de los pies.

2.ª sesión:

Se insistirá en la relajación de los pies. La mente se concentra en los pies y se pone especial insistencia en relajarlos más y más.

3.ª sesión:

Parte de esta sesión habrá de invertirse también en la relajación de los pies. Después se insiste en la relajación de los músculos de las piernas. Hay que tratar de relajar tanto como sea posible la musculatura de las extremidades inferiores.

4.ª sesión:

Se insistirá en la relajación de los músculos de los pies y de las piernas. Toda la sesión se dedica a relajar más y más, tanto como sea posible, los músculos de pies y piernas.

5.ª sesión:

Se insiste nuevamente y durante toda la sesión en la relajación de la musculatura de los pies y de las piernas.

6.ª sesión:

Durante aproximadamente los primeros cinco minutos se vuelven a relajar en profundidad los músculos de los pies y de las piernas. Después se dirige la atención mental al abdomen, se localiza la tensión que pueda haber en el mismo y se trata de relajar sus músculos. Si es necesario, se apoya uno mentalmente en la exhalación del aire para relajar más y más la musculatura del abdomen. Hay que aflojar tanto como sea posible el abdomen.

7.ª sesión:

Toda esta sesión estará dedicada a insistir en la relajación de la musculatura abdominal.

8.ª sesión:

Se dirige la mente al tórax y se trata de localizar la tensión que pueda haber en esta zona del cuerpo, para, a continuación, insistir en la relajación de todos los músculos torácicos. De ser necesario, se pueden hacer varias respiraciones más profundas y torácicas para percibir la tensión en el tórax, así como aprovechar la exhalación para relajar más y más la musculatura torácica.

9.ª sesión:

Se invierte todo el tiempo de esta sesión en relajar más y más los músculos del tórax.

10.ª sesión:

Se concentra la atención en la espalda y se insiste en relajar todos los músculos de dicha zona. Asimismo se invierte parte del tiempo de esta sesión en relajar la musculatura de los hombros.

11.ª sesión:

Toda la sesión está dedicada a la relajación de la espalda y de los hombros.

12.ª sesión:

Se dirige la atención mental a los brazos y se toma consciencia de los mismos y de las manos, para tratar de aflojarlos tanto como sea posible. Se insiste más y más en la relajación de estas zonas.

13.ª sesión:

Se invierte toda esta sesión en seguir relajando profundamente las manos y los brazos.

14.ª sesión:

Se pone especial atención en seguir profundizando en la relajación de los pies, las piernas y los brazos. Toda la sesión se dedica a relajar de nuevo estas zonas.

15.ª sesión:

Se relaja en profundidad todo el cuerpo, a excepción del cuello y la cabeza. Se van aflojando todos los músculos de las piernas, el tronco y los brazos.

16.ª sesión:

Se dirige la atención mental al cuello y se siente su musculatura, pero ello después de haber invertido algunos minutos en relajar las extremidades inferiores y superiores y el tronco. Se insiste en la relajación del cuello.

17.ª sesión:

Se dedica toda la sesión a la relajación del cuello.

18.ª sesión:

Se hace un repaso de todo el cuerpo, excepto de la cabeza. Se van percibiendo progresivamente las distintas partes del cuerpo y se van relajando tanto como sea posible.

19.ª sesión:

Se dirige la atención mental a la mandíbula y se la afloja tanto como sea posible, después de haber relajado el cuerpo en profundidad.

20.ª sesión:

Se relaja el cuerpo. Posteriormente se toma consciencia de las mandíbulas y se las relaja. Luego se insiste en la relajación de los labios y las mejillas.

21.ª sesión:

Tras relajar profundamente todo el cuerpo, la mandíbula, los labios y las mejillas, se toma consciencia de la frente y se afloja tanto como se pueda.

22.ª sesión:

Se invierten varios minutos en aflojar todas las zonas con las que se ha trabajado en anteriores sesiones. Después se dirige la atención a los párpados y se relajan.

23.ª sesión:

Se toma consciencia de los ojos para tratar de relajarlos profundamente. Antes de ello, se van sintiendo progresivamente las distintas partes del cuerpo y se van relajando en profundidad. Se insiste en la relajación de los ojos.

24.ª sesión:

Tras relajar progresivamente todo el cuerpo, se persiste en la relajación de los ojos.

25.ª sesión:

Se insiste en la relajación de los ojos.

26.ª sesión:

Se afloja todo el cuerpo y luego se toma consciencia de la lengua para intentar aflojarla tanto como se pueda.

27.ª sesión:

Se relaja profundamente todo el cuerpo y se insiste en la relajación de la lengua.

28.ª sesión:

Se persevera en relajar la lengua.

29.ª sesión:

Se relaja progresivamente todo el cuerpo de los pies a la cabeza. Una vez relajado todo el cuerpo, se establece la mente en un estado de calma y quietud. Puede dejarse la mente en la sensación de relajación o en la respiración o aplicar cualquier técnica de estabilización mental y emocional.

30.ª sesión:

Se insiste en la relajación de todo el cuerpo y en el cultivo de la quietud mental y emocional.

NOTA: Si bien durante el aprendizaje se va relajando el cuerpo por zonas, progresivamente, cuando se ha obtenido un considerable dominio sobre la relajación, se puede relajar el cuerpo en conjunto y simultáneamente. Con la práctica necesaria se podrá hacer en muy pocos minutos y no sólo en la posición de decúbito supino, sino también en la de sentado.

Método de relajación dirigida

Uno mismo puede aplicarse el programa de relajación. No es necesaria la ayuda de otra persona. El secreto, *y éxito*, de la relajación estriba simplemente en ir sintiendo y soltando, y tratar día a día de soltar más y más. Es una cuestión de ejercitamiento perseverante. Pero, también e indudablemente, hay personas muy tensas, estresadas o víctimas de mucha angustia o ansiedad que pueden facilitar mucho el proceso de la relajación, siendo dirigidas y auxiliadas por otra persona, pudiendo así superar más fácilmente unas dificultades que surgen, precisamente, de su estado de considerable tensión y ansiedad. La presencia de otra persona ya les proporcionará tranquilidad y mayor seguridad, pero además encontrarán en la dirección del experimentador o profesor de relajación unas instrucciones programadas y rigurosamente puestas en práctica que les resultará de gran ayuda. Indiquemos que cualquier persona que haya obtenido una notable experiencia en la propia relajación y haya conseguido fases profundas de la misma, está capacitada en principio para poder prestar su ayuda a otro practicante, dirigiéndolo de acuerdo con las sesiones que definidamente vamos mostrando. Es importante que el que va a experimentar sienta seguridad en el experimentado, se encuentra a gusto con él y confíe en su dirección. Por su parte, el instructor debe utilizar un tono de voz suave, sedante y tranquilizante. Debe hablarse con lentitud, a media voz, dando tiempo para que el sujeto vaya sintiendo las zonas del cuerpo y aflojándolas. El instructor se situará cerca del sujeto e invertirá en cada sesión de veinte a treinta minutos. Si se hace así, en un programa —como el que detalladamente exponemos— de veintitrés sesiones podrá obtenerse un nivel muy profundo y, por tanto, benéfico de relajación. Es necesario el rigor y la asiduidad en la práctica. De este modo no hay persona, por tensa que fuere, que no pueda aprender a relajarse en profundidad.

1.ª sesión:

El instructor dice:

«Colóquese cómodamente. Esté absolutamente tranquilo, ya que la relajación es una técnica sumamente antigua y que, además, está exenta por completo de cualquier riesgo. Permanezca sereno mientras le voy a explicar un poco lo que vamos a hacer diariamente.

»Día a día usted va a ir aprendiendo a relajar todo su cuerpo y a tranquilizar su mente. La relajación no tiene ningún secreto y es sólo cuestión de práctica, de ejercitamiento asiduo. Paulatinamente usted irá aprendiendo a descontraerse por completo. Es usted el que hará todo el trabajo, ya que sólo le iré indicando la técnica que usted irá fielmente aplicando sobre sí mismo. El aprendizaje lleva su tiempo.

Tiene que ser paciente. Poco a poco se irá dando cuenta de hasta qué punto es posible evitar las tensiones neuromusculares y hallar así una sensación de quietud y serenidad, con el subsiguiente beneficio para el cuerpo y la mente. Cada sesión que efectuemos, usted notará que progresa, con lo que estará más tranquilo todo el día, evitará inútiles contracciones, dormirá y hallará mayor paz interior.

»Debe ir siguiendo siempre con atención mis indicaciones, pero sin ningún tipo de esfuerzo, permaneciendo siempre sereno. Hoy vamos a ensayar con los pies y las piernas.

»Dirija la atención a los pies y las piernas y trate de sentirlos. En primer lugar, afloje todos los músculos de los pies. Siéntalos flojos, muy flojos, abandonados. Los pies caen, respectivamente, hacia uno y otro lado. Todos los músculos de los pies se aflojan más y más, profundamente; más y más, profundamente. Concéntrese sólo en los pies. Siéntalos más y más flojos.

»Ahora sienta las piernas. También los músculos de las piernas se aflojan más y más, más y más, profundamente. Todos los músculos de las piernas muy flojos, muy sueltos, más y más relajados, más y más relajados.

»Tome consciencia de las pantorrillas. Afloje los músculos de las mismas. Aflójelos más y más, profundamente. Notará que las piernas en general y los pies también se sueltan más y más, muy profundamente; más y más, muy profundamente.

»Ahora voy a guardar unos minutos de silencio para que usted continúe sintiendo más y más flojos todos los músculos de los pies y de las piernas. No se distraiga; mantenga la atención fija en los pies y las piernas y sienta cómo se sueltan más y más todos los músculos de estas zonas.»

El instructor guarda silencio durante ocho o diez minutos. Después indica:

«Lo ha hecho todo muy bien. Ahora vaya moviendo poco a poco los pies y las piernas. Respire varias veces profundamente. Muy bien: ya puede incorporarse. Ya verá cómo todo va muy bien en las siguientes sesiones y usted experimenta un gran beneficio.»

2.ª sesión:

Toda esta sesión también se invierte en la relajación de los pies y de las piernas, pero tomando consciencia más definidamente de cada área de estas partes del cuerpo.

El instructor dice:

«Vamos a seguir relajando los pies y las piernas. Permanezca muy atento y tranquilo. Ya verá cómo a cada sesión logra usted familiarizarse más y más con sus músculos e irlos sumiendo en profunda relajación.

»Sienta los dedos de los pies y relájelos. Relájelos más y más. Los dedos de los pies se van poniendo flojos, muy flojos, completamente relajados. Asimismo, todo el pie se va relajando más y más, profundamente. Más y más, profundamente.

Todos los músculos de los pies, flojos, muy flojos, relajados.

»Tome ahora consciencia de los músculos de las pantorrillas. Aflójelos. Siéntalos más y más relajados, más y más relajados. También las rodillas se sueltan más y más, profundamente; más y más, profundamente. Ahora sienta los muslos. Se van a poner muy flojos, completamente flojos.

»Revise los pies y las piernas. Se están soltando más y más, profundamente; más y más, muy profundamente. Afloje, afloje. Sin tensión. Más y más relajados. En un estado de profunda relajación.»

Al finalizar la sesión, el instructor dice siempre alguna palabra de estímulo al sujeto, le invita a respirar en profundidad y a irse moviendo muy poco a poco antes de incorporarse. Es importante que el sujeto tenga confianza en el instructor y sienta simpatía hacia él.

3.ª sesión:

Se invierte toda la sesión en la relajación de los pies y de las piernas, pero el instructor, tras indicar las zonas en cuestión, observa silencios prolongados, para que así el individuo pueda ir relajando más y más profundamente cada área. Le invita a ello tras indicarle que intencionadamente guarda espacios de silencio a tal fin, siempre tratando de que el sujeto esté cómodo y distendido. Se le explica que aproveche los silencios para estar muy concentrado en cada zona y relajarla tanto como sea posible.

4.ª sesión:

El instructor dice:

«Está usted avanzando muy rápidamente. Lo hace muy bien. Ya ha aprendido a familiarizarse con los músculos, la tensión y la relajación. A partir de ahora todo irá siendo más sencillo. Usted hace todo el trabajo. Yo sólo lo voy orientando. Llegará el día en que usted logre relajarse profundamente sin necesidad de mis indicaciones, porque usted habrá dominado el arte de la relajación, lo que le será de indudable beneficio para el resto de su vida.

»Vamos de nuevo a insistir sobre los pies y las piernas. Ahora ya no tendrá el menor inconveniente. Voy a observar unos minutos de silencio. Aprovechará para relajar los músculos de estas zonas tan profundamente como pueda.»

El instructor guarda varios minutos de silencio. Después dice:

«Le puedo asegurar con satisfacción que usted relaja perfectamente los músculos de los pies y de las piernas, por lo que podemos pasar a relajar otras zonas. Deje sus pies y sus piernas tranquilamente, como están, y ponga su atención en sentir el abdomen. Tome consciencia lúcida de su abdomen. Si no logra sentirlo, inspire muy profundamente llevando el aire al mismo y lo percibirá. Sienta también el tórax y experimente la tensión que pueda haber en el mismo. Respire, cuando haya descubierto la tensión del abdomen y del tórax, pausada y tranquilamente...

si es que tuvo que respirar profundamente para sentirla. Relaje ahora su abdomen, su estómago, su tórax. Las piernas están tranquilas, profundamente relajadas. Insista en la relajación del estómago y el tórax. Todos los músculos del estómago y del tórax se van poniendo flojos, muy flojos, completamente flojos, relajados. Los músculos del estómago y del tórax se aflojan más y más, profundamente, más y más, profundamente, muy profundamente.»

5.ª sesión:

El instructor insiste en la relajación del abdomen, el estómago y el tórax y efectúa prolongados silencios para que el sujeto pueda relajar más y más profundamente las zonas indicadas.

6.ª sesión:

Se sigue insistiendo en la relajación de dichas zonas, haciendo prolongados silencios y exhortando al sujeto para que continúe relajando más y más, tanto como le sea posible, el abdomen, el estómago y el tórax, consiguiendo así grados más profundos de relajación.

7.ª sesión:

El instructor dice:

«Hoy va usted a ejercitarse en la relajación de los brazos y de los hombros. Pero empezaremos por relajar previamente las piernas, el abdomen, el estómago y el tórax. Usted ya domina la relajación de dichas zonas. Suéltelas tanto como pueda, más y más, profundamente, más y más, profundamente. Siéntalas muy flojas, muy sueltas, muy relajadas; flojas, sueltas, más y más relajadas. Muy bien.»

El instructor guarda silencio durante unos diez minutos para que el sujeto insista en la relajación profunda de las zonas mencionadas. Después indica:

«Perfecto. Ahora, tanto las piernas como el abdomen, el estómago y el tórax, están muy relajados, muy relajados, profundamente relajados. Sienta ahora los brazos y relájelos tanto como pueda. Los brazos se aflojan más y más, profundamente. Relaje también las manos tanto como le resulte posible. Siéntalas y relájelas más y más, más y más, dejando que los dedos queden ligeramente flexionados. Las manos sueltas, muy sueltas, relajadas; sueltas, muy sueltas, abandonadas. Relaje los antebrazos. Siéntalos muy flojos, muy sueltos, muy relajados. Se van poniendo más y más relajados, más y más relajados. Afloje todos los músculos de los brazos. Tanto las manos como los brazos se van relajando más y más, muy profundamente, muy profundamente. Manos y brazos van sumiéndose en un estado de profunda relajación, profunda relajación. Dirija ahora la atención a los hombros, siéntalos y aflójelos; aflójelos más y más, más y más, profundamente. Los hombros van siendo invadidos por una sensación de profunda relajación, profunda relajación. Así, las manos, los brazos y los hombros, sueltos, flojos, abandonados; sueltos, flojos, abandonados.

8.ª sesión:

Se invierte toda esta sesión en ejercitarse más y más en la relajación de brazos y hombros, pero el instructor se sirve ahora de un texto más breve y guarda periodos de silencio, exhortando al sujeto para que durante los mismos siga insistiendo más y más en la relajación de dichas zonas. El texto puede ser:

«Las manos se ponen muy relajadas... (cinco minutos de silencio). Sienta ahora los antebrazos y aflójelos tanto como pueda. Más y más flojos, sueltos, relajados (cinco minutos de silencio). Perciba ahora los brazos y relájelos. Sienta los músculos de los brazos profundamente relajados (cinco minutos de silencio). También se van aflojando más y más todos los músculos de los hombros; más y más, profundamente (dos minutos de silencio). Sus piernas permanecen muy flojas, muy sueltas, muy relajadas... Su abdomen en un estado de profunda relajación, profunda relajación... Todos los músculos del estómago y el tórax están muy flojos y sueltos, relajados, más y más relajados.»

9.ª sesión:

El instructor dice:

«Dedicaremos la sesión de hoy a relajar los músculos de la espalda. Pero antes afloje tanto como pueda las zonas que ya ha aprendido a relajar perfectamente las sesiones anteriores. Afloje las piernas y vaya haciendo lo mismo con el abdomen, el estómago, el tórax, los brazos y los hombros. Todos los músculos de estas zonas se ponen muy sueltos (diez minutos de silencio). Dirija ahora la atención mental a la espalda y siéntala, para así poder ir relajando toda su musculatura. Todos los músculos de la espalda se relajan más y más, profundamente; más y más, profundamente. Todos los músculos de la espalda, flojos, muy flojos, relajados.»

10.ª sesión:

El instructor dice:

«La sesión de hoy vamos a dedicarla por completo a hacer un repaso general. Creo que es lo más conveniente, pues a partir de mañana usted aprenderá a relajar el cuello y el rostro, olvidándose del resto del cuerpo.

»Empiece por relajar las piernas (cuatro minutos de silencio). Ahora tome consciencia del abdomen y del estómago y relájelos tanto como pueda (cuatro minutos de silencio). Afloje los músculos del tórax y de la espalda (ocho minutos de silencio). Asimismo, vaya relajando los brazos. Siéntalos flojos, muy flojos, profundamente relajados (cuatro minutos de silencio). Relaje tanto como le sea posible los músculos de los hombros (cuatro minutos de silencio). Todo el cuerpo, excepto la cabeza y el cuello, se han sumido en un estado de profunda relajación, profunda relajación, profunda relajación (ocho minutos de silencio).»

11.ª sesión:

El instructor dice:

«Dirija la atención mental al cuello. Siéntalo y alójelo tanto como pueda. Todos los músculos del cuello se van poniendo flojos, muy flojos, completamente flojos, relajados, más y más relajados. Asimismo, suelte la mandíbula; más y más suelta y relajada.»

12.ª sesión:

Se insiste en la relajación profunda del cuello y las mandíbulas, con pausas de silencio y exhortando al sujeto para que relaje más y más las zonas indicadas.

13.ª sesión:

El instructor dice:

«Ahora tome consciencia de los labios. Siéntalos y relájelos lo más posible. Afloje los labios todo lo que pueda, más y más, más y más, profundamente. Se ponen muy sueltos, muy flojos, relajados. Enfoque ahora la atención sobre las mejillas y relájelas más y más, más y más, profundamente, muy profundamente.»

14.ª sesión:

El instructor indica:

«Hoy va a aprender a relajar los ojos y los párpados. Vamos a comenzar con los ojos. Es muy importante aprender a relajarlos muy bien. Siéntalos y aflójelos tanto como le sea posible. Afloje más y más todos los músculos de los ojos; más y más, profundamente.

»Ahora tome consciencia de los párpados. Manténgalos sueltos y relajados, sueltos y relajados, más y más sueltos y relajados. Relaje más y más los ojos y los párpados.

»Todos los músculos de los ojos y de los párpados se relajan más y más, profundamente; más y más, profundamente.»

15.ª sesión:

Al igual que en la anterior sesión, se procede a relajar lo más posible los músculos de los ojos y de los párpados. El sujeto debe concentrarse por entero en la relajación de dichas zonas.

16.ª sesión:

«Hoy ha llegado el momento de relajar la frente. Dirija la atención a la misma y aflójela tanto como pueda. Sienta cómo los músculos de la frente se van relajando más y más, profundamente. Los músculos de la frente se van poniendo flojos, muy flojos, completamente flojos, relajados, más y más relajados. Todos los músculos de la frente sin tensión, sin rigidez.

»Ahora perciba la lengua. Siéntala y aflójela todo lo que pueda. La lengua se va poniendo más y más floja, relajada; más y más floja, relajada.

»Tanto la frente como la lengua se aflojan más y más, profundamente. Se encuentran en un estado de muy profunda relajación, muy profunda relajación.»

17.ª y 18.ª sesiones:

Se insiste en la relajación de todo el rostro, y de manera muy especial de la lengua y de los ojos.

19.ª sesión:

El instructor declara:

«Estamos llevando a cabo el método con precisión y éxito. Lo está usted haciendo muy bien. Es el ejercitamiento asiduo el que hace posible la obtención de grados muy profundos de relajación. A partir de ahora el adiestramiento será más fácil y gratificante.

»Hoy va usted a relajarse por completo. Dirija la atención a sus pies y sus piernas y sienta todos los músculos de los mismos flojos, muy flojos, completamente flojos, relajados, más y más relajados, más y más relajados. Ahora tome consciencia del abdomen y del estómago y reléjese. Se relajan más y más, profundamente; más y más, profundamente. Afloje, asimismo, los músculos de la espalda y del pecho. Flojos, muy flojos, abandonados, más y más abandonados. Sienta los brazos y los hombros. Súmalos en un estado de profunda relajación, profunda relajación. Sienta el cuello. Los músculos del cuello flojos, muy flojos, más y más relajados. Las mandíbulas, flojas y sueltas, abandonadas; los labios, flácidos; las mejillas, blandas; los ojos y los párpados, profundamente relajados, igual que la frente. La lengua, floja, sin tensión. Todos los músculos del cuerpo se van aflojando más y más, profundamente, más y más, profundamente.»

20.ª, 21.ª y 22.ª sesiones:

Se insiste en la relajación de todo el cuerpo. El instructor prolonga las pausas de silencio, invitando al sujeto para que profundice más y más en la relajación de todas las zonas del cuerpo.

23.ª sesión:

El instructor dice:

«Insista más y más en la relajación del cuerpo. Lo está haciendo muy bien. Está adquiriendo grados profundos y muy saludables de relajación. Compruebe cómo la respiración fluye pausada y uniformemente, sin necesidad de intervenir para ello directamente sobre la misma. Cada día podrá relajarse más profundamente y en menor espacio de tiempo. Llegará un momento en que en menos de un minuto habrá relajado el cuerpo. En la medida en que vaya profundizando en la relajación, también la mente se irá apaciguando. No combata directamente sus pensamientos. Son como nubes que vienen y van sin importunarle. Usted permanezca en la sensación de profunda relajación y de quietud absoluta.»

SÍNTESIS DEL PROGRAMA

Podemos hacer una síntesis del programa de relajación dirigida, como sigue:

1.ª sesión: El instructor conecta con el sujeto y se extiende sobre las prácticas que van a seguir juntos, el alcance y efectos saludables de las mismas y sus beneficios generales. Debe ganarse la confianza y simpatía del sujeto. Se empieza por familiarizar al sujeto de experimentación con la relajación de las extremidades inferiores.

2.ª *sesión:* Se prosigue con la relación de las extremidades inferiores.

3.ª *sesión:* Insistiéndose en la relajación de pies y piernas, el instructor hace las pausas de silencio más prolongadas, sirviéndose de menos palabras, pero invitando siempre al sujeto a que siga relajándose con toda atención e interés.

4.ª *sesión:* Se ejecuta la relajación de los músculos del abdomen, el estómago y el tórax.

5.ª *sesión:* Se insiste en la relajación del abdomen, el estómago y el tórax.

6.ª *sesión:* Se prosigue practicando la relajación del abdomen, el estómago y el tórax.

7.ª *sesión:* Se indica al sujeto que comience por relajar las piernas, el abdomen, el estómago y el tórax, para después conducirlo a la relajación de brazos y hombros.

8.ª *sesión:* Se insiste en la relajación de hombros y brazos.

9.ª sesión: Tras haber invitado al sujeto a la relajación de las zonas anteriormente entrenadas, se le muestra la relajación de los músculos de la espalda.

10.ª sesión: Se relaja el cuerpo en general, excepto el cuello y la cabeza.

11.ª sesión: Se le sugiere al sujeto que relaje el cuello y las mandíbulas.

12.ª sesión: Se insiste en la relajación del cuello y la mandíbula.

13.ª sesión: Se le sugiere al sujeto la relajación de labios y mejillas.

14.ª sesión: Se invierte esta sesión en la relajación de ojos y párpados.

15.ª sesión: Se prosigue profundizando en la relajación de ojos y párpados.

16.ª sesión: Se aprende a relajar la frente y la lengua.

17.ª sesión: Se relaja en general el rostro.

18.ª sesión: Se insiste en la relajación del rostro.

19.ª sesión: Se insiste en la relajación de todo el cuerpo.

20.ª, 21.ª y 22.ª sesiones: Se profundiza la relajación de todo el cuerpo y el instructor observa cada vez silencios más prolongados.

23.ª sesión: Se anima al sujeto a que no deje de practicar asiduamente la relajación y se le proporcionan instrucciones para que no se identifique con los pensamientos y se mantenga en un estado de profunda calma mental.

RESUMEN DEL MÉTODO:

Pies y piernas: tres sesiones.
Abdomen, estómago y tórax: tres sesiones.
Brazos y hombros: dos sesiones.
Espalda: una sesión.
Repaso general del cuerpo: una sesión.
Cuello y mandíbulas: dos sesiones.
Labios y mejillas: una sesión.
Ojos y párpados: dos sesiones.
Frente y lengua: una sesión.
Repaso general del rostro: dos sesiones.
Relajación completa: cuatro sesiones.

El entrenamiento autógeno

De todos los métodos de relajación occidental, el más rico en contenido y el de mayor alcance es, sin duda, el Entrenamiento Autógeno (autorrelajación concentrativa), concebido por el neurólogo berlinés

J. H. Schultz hace ya varias décadas y que tiene muchos puntos en común con la relajación yoga y con las técnicas yóguicas de interiorización y de contención del pensamiento. El doctor Schultz conocía muy bien, apreciaba y admiraba las técnicas yóguicas. Su método consta de dos grados: el denominado inferior y el denominado superior. El autor de esta obra se ha ejercitado muy a fondo en ambos grados desde su juventud. Por considerarlo el método de relajación más importante concebido por un occidental y con evidentes puntos de contacto con el yoga, lo incluimos detalladamente. Aunque mucho más difícil, el grado superior es de mayor alcance y posibilidades. En tanto el grado inferior se asienta más sobre el control y relajación psicofísicos, el grado superior tiene un gran contenido y alcance psicomental.

POSTURA PARA EL EJERCITAMIENTO:

1) *Postura de decúbito supino:*

Es la postura más eficaz hasta que la persona aprende a relajarse en profundidad. El sujeto se extiende sobre un canapé y apoya la cabeza sobre un almohadón de grosor normal. Boca arriba, la cara permanece mirando al techo y los brazos se colocan a ambos lados del tronco, ligeramente doblados, con las palmas de las manos hacia abajo, al lado de la zona alta de los muslos y con los dedos ligeramente separados y encorvados hacia dentro.

Las piernas quedan ligeramente separadas, y los pies caen, respectivamente, a uno y otro lado en cuanto se relajan.

2) *Postura sentada pasiva:*

Se sirve uno de un confortable sillón de respaldo alto y recto. El sujeto se sienta con la cabeza recta y la nuca sobre el respaldo. Las piernas permanecen dobladas y las plantas de los pies quedan firmemente apoyadas contra el suelo. Los brazos se apoyan sobre los brazos del sillón y los antebrazos forman un ángulo obtuso, permitiendo que las manos caigan, sueltas, hacia dentro. Las piernas quedarán ligeramente separadas.

CONDICIONES PARA EL ENTRENAMIENTO:

— Los ojos deben permanecer cerrados.
— Los glóbulos oculares quedan en su estado natural al cerrar los párpados.
— Hay que utilizar una vestimenta cómoda, evitando presiones.
— Si hace fresco en la estancia, el practicante se cubrirá con una manta.
— La habitación debe estar débilmente iluminada.
— Hay que seleccionar una estancia tranquila, con el menor número posible de ruidos.
— Hay que evitar perturbaciones o interrupciones durante la sesión.

EJERCICIOS DEL GRADO INFERIOR

Ejercicio de peso:

Adoptada la postura, el practicante se dice y siente: «Estoy completamente tranquilo.» Después, concentrándose en el brazo derecho (o en el izquierdo en el caso de ser zurdo), se dice: «El brazo pesa mucho», media docena de veces. Es importante no manipular el brazo, sino solamente concentrarse en el mismo. Tras la experiencia, se flexiona el brazo varias veces, se respira profundamente y se abren los ojos. Se pueden realizar varias sesiones diarias. Se invierten varios días en este primer ejercicio y poco a poco se va manifestando la sensación de peso. Cuando la sensación de peso resulte lo suficientemente evidente, uno procede a concentrarse en el otro brazo y se aplica la misma fórmula. Así llegará a experimentarse la sensación de peso en ambos brazos. Una vez se haya obtenido la sensación de peso en ambos brazos, el sujeto la generaliza a las piernas y después a todo el cuerpo. Sólo cuando se experimente claramente la sensación de peso en todo el cuerpo, habrá llegado el momento de comenzar a practicar con el siguiente ejercicio. Las fórmulas que se van utilizando progresivamente en este ejercicio de peso son:

— Ahora mi brazo izquierdo es el que se pone pesado. Los dos brazos están pesados.

— Esta sensación de pesadez que invade mis brazos va a pasar a apoderarse también de mis piernas. Mis piernas están pesadas.

— Mi cuerpo está pesado, completamente pesado.

Pero, como indica el doctor Schultz, esto es «sólo a base de concentración mental». Lo importante, pues, es tomar consciencia de las zonas y experimentar la pesadez.

Ejercicio del calor:

Adoptada la posición, se aplica la fórmula: «Estoy completamente tranquilo». Seguidamente se repite varias veces: «Mi brazo derecho (el izquierdo si se es zurdo) está caliente.» Conseguida la vivencia de calor en el brazo, se va generalizando al otro brazo, a las piernas y a todo el cuerpo, invirtiendo para ello varias sesiones. La fórmula «estoy completamente tranquilo» puede aplicarse, también, en el ejercicio anterior tras haber experimentado la sensación de peso. Haciendo varias sesiones diarias, no prolongadas, se va logrando la vivenciación requerida. El autor del método explica:

«Cuando el sujeto de experimentación domina la representación autoactiva de peso y calor, si es capaz de establecer en una fracción de segundo una vivencia de peso y calor generalizada, manifiesta, tanto subjetiva como objetivamente: "(todo) el cuerpo está pesado y caliente", "estoy completamente tranquilo", o, simplemente, "pesado", "caliente", "tranquilo"; entonces dispone de la autoconmutación básica necesaria y podrá realizar toda una serie de rendimientos primarios.»

Ejercicio de tranquilización del corazón:

Declara Schultz: «En el propósito de conseguir, dentro de nuestro entrenamiento, un estado concentrativo de reposo y relajación, utilizamos la autorregulación cardiaca como un medio para conseguir una autotranquilización».

El sujeto procederá del siguiente modo:

— Adopta la postura.
— Cierra los ojos.
— Vivencia la sensación de peso en el brazo derecho.
— Generaliza la sensación de peso a todo el cuerpo.
— Vivencia la sensación de calor en el brazo derecho.
— Generaliza la sensación de calor a todo el cuerpo.
— Se dice: «Estoy tranquilo, completamente tranquilo».
— Flexiona el brazo derecho y conduce la mano derecha a la región cordial, con la palma hacia el cuerpo.
— Intensifica en lo posible las vivencias de calor y peso en la mano derecha y en la región cordial.
— Se concentra en la región cordial y trata de sentir el corazón, utilizando la fórmula «El corazón late tranquilo y fuerte».
— Se efectúa el retroceso, moviéndose y respirando en profundidad, y abriendo los ojos.

Para sentir el corazón se puede aplicar la mano a la región cordial; pero obtenida la sensación, ya no es necesario hacerlo.

Ejercicio de respiración:

En la medida en que se van perfeccionando los ejercicios descritos, la respiración pausada y tranquila tiende a imponerse por sí misma. Se trata, pues, más que se origine como consecuencia que provocarla de modo directo. Declara el neurólogo berlinés: «En el curso habitual basta la fórmula "La respiración es completamente tranquila"; la autonomía interna del ritmo respiratorio se facilita a menudo por la fórmula "La respiración está actuando en mí". De todos modos, esta fórmula no se puede imponer como "ejercicio", sino que debe surgir como desarrollo espontáneo y, en efecto, muchas veces aparece conjuntamente con la constitución de un ritmo respiratorio de acuerdo con las características individuales, a consecuencia de la intensificación de los ejercicios adscritos y de la conmutación autógena.»

En la medida en que el practicante domina los ejercicios anteriores, su respiración se acompasará. Puede aplicar la fórmula:

«La respiración es tranquila.»

Y cuando la siente tranquila, agregará:

«Algo respira en mí.»

Tal es la sensación que se consigue. La respiración funciona en uno. Schultz explica: «La respiración debe ser como un soporte que mantenga a flote al sujeto que se ejercita; éste debe dejarse llevar por la respiración, como si flotara sobre tranquilas olas.» El dominio de este ejercicio puede alcanzarse en diez-quince días.

Ejercicio del abdomen:

En este ejercicio se aplica la fórmula:

«El plexo solar está muy caliente.»

O también, según Schultz, de modo preferible:

«Lo atraviesa una corriente de calor.»

Se practica así asiduamente durante dos o tres semanas.

Ejercicio de enfriamiento de la frente:

Obtenida la vivencia de los ejercicios anteriores, se procede a la ejecución de peste, que es el último del Grado Inferior. La fórmula que se utiliza es:

«La frente está un poco fresca.»

Y se ensaya el ejercicio durante unas semanas para obtener esta vivencia.

PROGRAMA COMPLETO DEL GRADO INFERIOR

El programa, pues, resulta:

— Vivencia de peso.
— Vivencia de calor.

— Vivencia cardiaca.
— Vivencia respiratoria.
— Vivencia del plexo solar caliente.
— Vivencia de la frente fresca.

Schultz dice:

Cada paso debe adquirirse mediante entrenamiento sistemático y tiene como condición previa el haber efectuado los anteriores; esto no sólo en sentido general, sino que cada sesión de entrenamiento deben representarse el reposo, el peso, el calor y las demás pruebas. Se comprende que no sean muy numerosos los sujetos de experimentación con suficiente perseverancia y autodominio para resistir convenientemente; en la mayor parte de los casos, incluso con la mejor voluntad, se hace preciso estimular el entrenamiento mediante la realización de ejercicios colectivos de control de corta duración, efectuados de vez en cuando. El aprendizaje de la técnica general precisa un lapso de tiempo de doce a dieciocho semanas; sólo al cabo de tres o cuatro meses de autoconmutación suele ser fácil y se pueden conseguir elevados rendimientos.»

RESUMEN SEGÚN EL DOCTOR SCHULTZ:

El curso habitual típico del entrenamiento tiene como punto de partida una postura adecuada, el cierre de los ojos, la sintonización de reposo («estoy completamente tranquilo») y la vivencia de peso del brazo más cercano al Yo: «El brazo derecho (izquierdo) está muy pesado». A los quince días de entrenamiento, aproximadamente, con dos-tres ejercicios diarios (al principio sesiones muy cortas), se puede contar con una generalización suficiente y sigue la segunda etapa: reposo-peso; representación de la vivencia de calor: «El brazo... está caliente». Estos dos pasos deben realizarse sistemáticamente, tanto si en la primera semana de entrenamiento se han presentado vivencias simultáneas de calor, como si no. Al cabo de otros quince días, y conseguida una buena generalización de peso y calor, se empieza a ejercitar la vivencia cardiaca y se procura adaptarla a la sintonización general de reposo en un tiempo de quince días: «El corazón late muy tranquilo, potente». Los quince días siguientes sirven para conseguir el reposo respiratorio: «La respiración es completamente tranquila». Y las subsiguientes semanas de entrenamiento están dedicadas a la concentración de calor a nivel del abdomen: «El plexo está muy caliente». Consiguiendo este paso de conmutación autógena, sigue como complemento final entrenar durante otras dos semanas: «La frente está fresca». En los primeros meses de entrenamiento deben representarse siempre, en cada ejercicio aislado, todas las etapas de manera concienzuda y sistemática; al final de cada ejercicio debe efectuarse el retroceso de la relajación mediante flexión y extensión activas y enérgicas de los brazos en el codo (1), respiración profunda (2), apertura de los ojos (3). A partir de la segunda semana, si el curso ha sido libre de trastornos, se puede permitir a los sujetos de experimentación corrientes el prolongar algo las sesiones de entrenamiento. Entonces se permiten sesiones de 15 a 30 minutos, siempre que no aparezcan factores molestos. Al cabo de tres meses sin dificultades, los sujetos de experimentación corrientes pueden permanecer hasta una hora o más en el ensimismamiento.

EJERCICIOS DEL GRADO SUPERIOR

Sólo se procederá al entrenamiento de los ejercicios del grado superior tras haber dominado a la perfección los del grado inferior.

Ejercicio de preparación:

Se adopta la postura de decúbito supino y se relaja todo el cuerpo. Obtenido un grado considerable de relajación, se giran suavemente los glóbulos oculares hacia arriba y se interioriza uno tanto como pueda. Schultz dice que los ojos deben «mirar hacia el centro de la frente». Ésta es, precisamente, una técnica utilizada por los yoguis desde hace milenios para lograr la unificación y absorción de la consciencia.

Ejercicio del color propio:

Se adopta la posición de decúbito supino y se relaja todo el cuerpo. En un estado de pasividad-activa (receptividad sin esfuerzo) se aguarda la aparición de un color cualquiera. Al aparecer el color, el sujeto trata de irlo expandiendo a todo su campo visual y de hacerlo más nítido y puro. El ejercicio se ejecuta media hora diaria. Paulatinamente uno se va familiarizando con un color, que se toma como el propio.

Ejercicio de colores del espectro:

Consiste en buscar un color, ampliarlo en el campo visual interno y desecharlo. A continuación se repite el mismo ejercicio con otro color, y así sucesivamente, varias veces. Los colores, si es necesario, pueden asociarse con objetos.

Ejercicio de la visión de objetos:

Tras haber relajado todo el cuerpo, el sujeto trata de que la respiración sea uniforme y se interioriza tanto como le resulte posible. Permite entonces que en la oscuridad de su campo visual vayan apareciendo tantas vivencias como libremente quieran aflorar. Por último, se piensa en un objeto y se concentra uno sobre el mismo, tratando de visualizarlo lo mejor posible.

Ejercicio de visualización de objetos abstractos:

Cuando el sujeto domina la visualización de objetos concretos, puede proceder a efectuar este ejercicio, que consiste en la meditación sobre cualidades abstractas como «amor», «felicidad», «orden», etc.

Ejercicio del sentimiento propio:

Dominado el anterior ejercicio, el sujeto de experimentación se entrenará en éste, consistente en experimentar sentimientos de varias clases, seleccionando los más positivos y relacionados con tranquilidad, paz, reposo y similares. Sirva de ejemplo el siguiente caso del neurólogo berlinés:

Este sujeto eligió para la representación del sentimiento propio la sensación de paz, de equilibrio, al contemplar la soberbia naturaleza de los Alpes: «Elegí este estado de ánimo por ser el más cercano a mis sentimientos y el más adecuado a mis fines. Al tener por primera vez esta vivencia, la impresión óptica quedó muy atrás con relación a la acústica. Es cierto que a veces se entreabría la oscuridad del espacio, permitiendo la visión de unas altas montañas de hielo y veladas por la nieve, pero lo sublime no era tanto la imagen como el canto de alabanza en que mil almas humanas, torturadas, expresaban sus sentimientos en un himno lleno de unción al Espíritu Divino. Era la melodía de una antigua canción popular, de cuyo texto no me acuerdo y que tampoco me esforcé en buscar, para no profanar el recuerdo. La vivencia fue tan sobrecogedora que derramé lágrimas de emoción, a pesar de que no me tengo por sentimental ni hago gala de sentimientos religiosos. No puedo imaginarme un estado de ánimo de mayor plenitud, que por una parte me concilia con la humanidad y por otra me proporciona la tranquilidad, la liberación y la alegría en lo bello. Cuanto más me represento el panorama alpino, tanto más tengo la sensación de que respiro a grandes bocanadas el aire fresco y puro de la montaña.

Como aclara muy bien el doctor Schultz, en este ejercicio se distinguen los practicantes de los idealistas, ya que unos utilizan vivencias aisladas y otros prefieren imágenes generales.

Ejercicio de respuestas del inconsciente:

Dominados los anteriores ejercicios, y en un estado de profunda interiorización, podrá hacer preguntas para hallar respuestas del inconsciente. Preguntas significativas como ¿por qué no soy feliz?, ¿qué debo hacer para vivir en paz conmigo mismo?, ¿qué realizo mal?, y otras.

Ejercicio de formulación de propósitos:

Es éste el último ejercicio del grado superior de Schultz. En profunda interiorización, el sujeto puede formularse propósitos muy beneficiosos para su vida, como «soy dueño de mí mismo», «yo decido por mí», «tengo una fuerte voluntad», y otros muchos para modificarse positivamente. Asimismo, puede formularse propósitos para abandonar hábitos perniciosos, como fumar, beber u otros.

BENEFICIOS DEL MÉTODO DE SCHULTZ

Puede prevenir o ayudar a combatir:

— Irritabilidad.
— Tensión, fatiga, psicastenia.
— Excitabilidad nerviosa.
— Insomnio y trastornos del sueño.
— Tartamudeo y diversos tics.
— Hipermotilidad.
— Trastornos cardiacos orgánicos y funcionales.
— Esófago espasmo, espasmos intestinales, colitis mucosa, píloro espasmo.
— Neurosis de la vejiga.
— Asma bronquial.
— Prurito.

— Toxicomanías diversas.
— Depresión, ansiedad.
— Dismenorrea.
— Hipertensión.
— Dolores de cabeza.

El dominio del Grado Superior (más difícil que el del Grado Inferior) hace posible una comunicación mucho más fructífera con uno mismo, ayuda en la resolución de conflictos internos, favorece la catarsis psicoterápica, estimula la relación con las demás personas, mejora la calidad de consciencia, aumenta la capacidad de concentración y estimula la imaginación. No cabe duda de que existen muchos paralelismos entre el método de Schultz y el yoga. Todos los ejercicios del Grado Superior han sido practicados desde tiempos inmemoriales, en sus diversas modalidades, por los radja-yoguis.

Método de relajación yoga: LA TÉCNICA SAVASANA

El método de relajación más antiguo del mundo es el del yoga, con al menos una antigüedad de seis mil o siete mil años. El yoga, además de ser una psicología de la realización, una mística y un método liberatorio, es también el precursor de la ciencia psicosomática, una medicina natural y un conjunto de técnicas psicofísicas para el mejoramiento humano. Los yoguis concibieron y ensayaron procedimientos para perfeccionar la unidad psicosomática, armonizarla y equilibrarla. Descubrieron la estrechísima conexión existente entre el cuerpo y la mente, y cómo todo aquello que actúa sobre la mente lo hace sobre el cuerpo, y viceversa. Así constataron que las tensiones mentales y emocionales se reflejan en el cuerpo y crispan músculos y nervios —creando desórdenes—, del mismo modo que los bloqueos y crispaciones somáticas alcanzan el órgano psicomental y lo alteran gravemente.

La relajación consciente es una fuente indiscutible y poderosa de energía o fuerza vital (*prana*) y, además, impide que malgastemos innecesariamente nuestra valiosa fuerza vital. La relajación auténtica debe incidir sobre el cuerpo y sobre la mente y se convierte, con la práctica, en una actitud vital. Se aprende a estar más relajado física y mentalmente en cualquier situación y circunstancia, siendo así menos contracturado, tenso, conflictivo y anómalamente reactivo. Aprendiendo a relajarse conscientemente, uno estará también más relajado y distendido en la vida diaria. La relajación neuromuscular tranquiliza la mente y las emociones, del mismo modo que la quietud de mente y emociones favorece la relajación del cuerpo.

A la técnica de relajación se la conoce en el yoga como *savasana* o postura del cadáver, en cuanto que el practicante debe mantener durante la práctica la inmovilidad propia de un cadáver. La relajación muy profunda, entendida ya como autoinmersión, conecta al individuo con lo más abismal, silente y revelador de sí mismo. Entonces la relajación se torna vía de interiorización y aproximación a la naturaleza real. Cuando se medita bien, por ejemplo, también se produce una enorme relajación neuromuscular. Una profunda relajación está beneficiando tanto el cuerpo como la mente, y las modificaciones que se producen en el cuerpo, incluido el cerebro, han sido constatadas con innumerables pruebas médicas llevadas a cabo con el instrumental más desarrollado.

La relajación yoga se caracteriza porque es un proceso autodirigido y lúcidamente consciente. Así, también desarrolla extraordinariamente la atención y la concentración. Tiene un indudable alcance psicofísico y coordina perfectamente la unidad psicosomática. La relajación consciente y profunda es, pues, mucho más que una práctica simplemente somática o para aliviar la tensión y descansar. Es también método de autopercepción, introversión y autodesarrollo, además de que ayuda a economizar energías, evitar trastornos acaecidos por rupturas del nivel de equilibrio y propiciar el acrecentamiento de la consciencia. Al hablar de la relajación en el yoga o savasana, hay que hablar realmente de psicorrelajación, a diferencia de los métodos *light* propuestos por diversos especialistas de relajación de Occidente o de métodos tan estrictamente somáticos como el de Jacobson y otros autores. Ciertamente, más vale una relajación somática que no efectuar ninguna, pero el savasana tiene un alcance mucho mayor que el exclusivamente físico o incluso psicosomático; hay un alcance psicoenergético, psicomental y psicoespiritual.

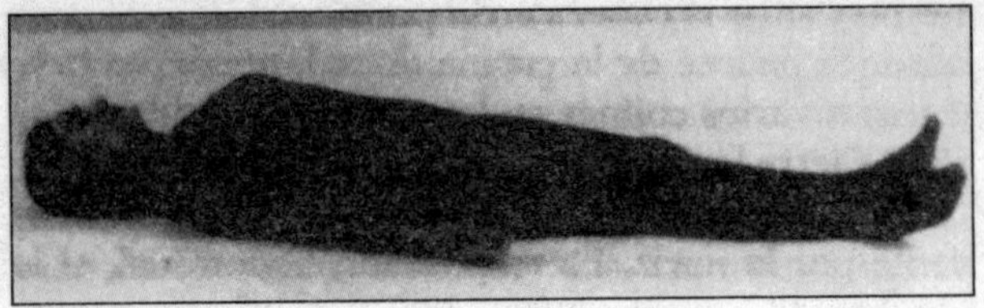

Postura de relajación.

El doctor Behanam declaró: «Como un sistema de prácticas para inducir a la relajación, el yoga es insuperable». Sin duda se refería a la relajación en su sentido más amplio, como se proponen diversos métodos yóguicos. Hay que entender que aunque pueden hallarse fases muy profundas de relajación practicando exclusivamente el savasana, si además se apoya su práctica con la de otras técnicas (asanas o esquemas posturales, pranayama o métodos de control respiratorio, mudras y bandhas o técnicas de control psicosomático y psicoenergético), se lograrán estadios de relajación mucho más intensos y avanzados. O sea, la práctica del hatha-yoga (o yoga psicofísico) favorece la relajación profunda tanto a nivel somático como mental. Es por esta razón que personas que no pueden relajarse fácilmente, si acometen directamente el savasana, sí logran hacerlo con facilidad tras haber practicado una sesión de asanas y pranayama.

TÉCNICA

1. Seleccione una habitación tranquila y súmala en la semipenumbra.

2. Elija para relajarse una superficie que no resulte ni excesivamente dura ni excesivamente blanda, como una manta doblada en cuatro, una moqueta o una alfombra.

3. Adopte la posición de decúbito supino, es decir, extendido sobre la espalda. Separe ligeramente las piernas, coloque los brazos a ambos lados del cuerpo y sitúe la cabeza en el punto de mayor comodidad. Si padece de la espina dorsal, puede servirse de uno o varios cojines en las zonas requeridas.

4. Cierre los ojos, pero no presione los párpados.

5. Regule y acompase la respiración, preferiblemente por la nariz. La respiración abdominal, si le brota de manera natural, es la más relajante.

6. Sienta los pies y las piernas y afloje los músculos de estas zonas. Todos los músculos de los pies y de las piernas deben irse poniendo flojos, muy flojos, relajados, más y más relajados.

7. Tome consciencia del estómago y del pecho y suelte todos los músculos de estas zonas. Siéntalos más y más relajados, más y más relajados.

8. Revise la musculatura de la espalda, los brazos y los hombros. Todos los músculos de la espalda, los brazos y los hombros se van poniendo flojos, sueltos, relajados; flojos, sueltos, relajados.

9. Dirija la atención mental al cuello y sienta cómo se aflojan todos los músculos del mismo. Aflójelos más y más, profundamente.

10. Revise muy atentamente las distintas partes del rostro: mandíbula inferior —que queda ligeramente caída—, labios, mejillas, párpados y frente. Afloje más y más todos los músculos de estas zonas.

11. Sienta más y más flojos todos los músculos del cuerpo, más y más flojos.

12. Si experimenta todavía tensión en alguna zona del cuerpo, profundice mentalmente en ella y suéltela tanto como pueda. Persista en relajar más y más, profundamente.

13. Trate de no distraerse. Continúe profundizando más y más en la relajación de todo el cuerpo. Persista, con la mente muy atenta, evitando divagaciones o ensoñaciones.

14. Dirija la mente al proceso respiratorio. Respire lenta y pausadamente. Cada vez que exhala el aire, sienta que se relaja más y más, más y más, muy profundamente.

15. Durante la relajación profunda a veces pueden presentarse síntomas propios de la misma como: pérdida de la noción del cuerpo o uno de sus miembros, pérdida de la noción del tiempo o del espacio, sensación de desdoblamiento o caída, deformaciones del organismo y otros. Todos son naturales, así que no se asuste y continúe con la práctica de la relajación, sin prestarles atención. Son completamente normales.

16. Relajado el cuerpo, es cada vez más fácil ir tranquilizando la mente. Puede mantenerla fija en la función respiratoria, o en la sensación misma de relajación profunda, o continuar revisando y aquietando el cuerpo o aplicar alguna de las técnicas de contención mental del yoga mental, las cuales reseñamos más adelante.

17. Antes de dejar el estado de relajación debe siempre observar estrictamente los siguientes requisitos:

- Respire a pulmón lleno cinco o seis veces por lo menos.
- Comience a mover lentamente las diversas partes del cuerpo.
- Extiéndase unos segundos sobre el costado derecho y estírese vigorosamente.
- Incorpórese con lentitud.

No abandone nunca abruptamente la relajación.

DURACIÓN DE LA SESIÓN

De quince a cuarenta y cinco minutos.

ADVERTENCIAS

- Efectúe preferiblemente la relajación con el estómago vacío.
- Evite superficies muy blandas, pues es difícil relajarse sobre las mismas.
- Arrópese adecuadamente para no coger frío durante la práctica.
- Trate de que no le perturben durante la sesión.
- Utilice unas prendas cómodas y holgadas.
- Evite la somnolencia.
- Manténgase muy vigilante y atento a lo largo de la sesión.
- Conserve siempre la tranquilidad ante cualquier síntoma que se presente debido a la relajación profunda.

— No abandone abruptamente la práctica de la relajación.
— Persevere en la práctica, si puede todos los días, y, si no, al menos una vez cada dos días. Toda persona puede obtener un nivel óptimo de relajación.

EFECTOS

— Previene o elimina la tensión física, mental y emocional.
— Ayuda a prevenir e incluso combatir la irritabilidad, neurosis funcionales, neurastenia, diversas clases de úlcera, insomnio, fatiga, depresión, psicastenia, ansiedad, agotamiento físico, fobias, trastornos psicosomáticos, desórdenes coronarios, anomalías funcionales, trastornos del aparato digestivo, etcétera.
— Previene contra la hipertensión y el infarto de miocardio.
— Neutraliza la tensión que inevitablemente se genera en sociedades tensas y competitivas, ayudando a combatir la desestabilización psicológica que provoca el mundo circundante.
— Facilita el equilibrio de la unidad psicosomática.
— Hace posible un mayor aprovechamiento de las energías, evitando su inútil desgaste.
— Colabora en la resolución de conflictos internos y favorece la comunicación con uno mismo.

— Estabiliza la acción cardiaca y respiratoria.
— Aumenta la capacidad de resistencia de todo el organismo.
— Previene contra las somatizaciones y seda el sistema nervioso central.
— Favorece la tranquilización de todos los procesos psicomentales.
— Desarrolla y cultiva la atención mental pura.
— Enriquece la capacidad de toma de consciencia del propio organismo, favoreciendo el autocontrol.
— Es de gran utilidad y ayuda en situaciones difíciles: convalecencia, momentos de máxima tensión, accidentes o cualquier situación extrema.
— Ayuda a prevenir y combatir la angustia y el estrés.
— Todos los procesos orgánicos se ven altamente favorecidos: se regula la presión arterial; se mejora y equilibra el ritmo cardiaco; se favorece la circulación sanguínea; se armoniza el sistema parasimpático; se favorecen glándulas y órganos vitales.

TEXTO PARA LA RELAJACIÓN

Durante la relajación, lo esencial es ir sintiendo cada zona del cuerpo y relajándola en profundidad. No se trata de pensar sobre la misma o imaginarla, sino de sentirla y aflojarla. No son necesarias las verbalizaciones ni nominaciones, pero así y todo muchas personas prefieren apoyarse al principio en un texto o bien se les facilita todo el proceso si otra persona les ayuda a relajarse. Por esta razón facilito el texto que he venido utilizando a lo largo de veinticinco años en las clases que imparto de yoga físico, en el Centro de Yoga Shadak.

El texto es:

Vamos a proceder a la relajación. Sitúese cómodamente y observe la máxima inmovilidad. Permanezca muy atento. Coloque la cabeza en el punto de mayor comodidad. Respire lenta y pausadamente, preferiblemente con el abdomen, si le resulta sencillo. Vaya siguiendo mi voz y tomando consciencia de las distintas zonas del cuerpo que voy enumerando para tratar de aflojarlas tanto como le sea posible. Mantenga los ojos cerrados.

En primer lugar, dirija la atención mental a los pies y a las piernas. Sienta todos los músculos de estas zonas y aflójelos. Todos los músculos de los pies y de las piernas, flojos, muy flojos, completamente flojos, relajados; más y más relajados; más y más relajados.

Ahora relaje el estómago y el pecho. Todos los músculos del estómago y del pecho se van sumiendo en un estado de profunda relajación, profunda relajación.

A medida que se van relajando los músculos del estómago y del pecho, también lo van haciendo los de la espalda, los brazos y los hombros. Todos los músculos de la espalda, los brazos y los hombros, flojos, sueltos, relajados; flojos, sueltos, más y más relajados.

Dirija la mente al cuello. Los músculos del cuello, blandos, suaves, sin tensión, sin rigidez; sin tensión, sin rigidez.

La mandíbula, ligeramente caída, floja y suelta, abandonada; los labios, flácidos; las mejillas, blandas; los párpados, profundamente relajados, al igual que la frente y el entrecejo.

Todos los músculos del cuerpo se aflojan más y más, profundamente; más y más, profundamente. La respiración lenta, pausada, reparadora, y todos los músculos del cuerpo en un estado de profunda relajación, profunda relajación. Y cada día la relajación se irá haciendo más y más profunda, más y más profunda y reparadora. Profunda relajación, bienestar, tranquilidad y descanso. Profunda relajación, bienestar, tranquilidad y descanso; bienestar, tranquilidad y descanso.

TÉCNICAS DE CONCENTRACIÓN MENTAL, APLICABLES A LA RELAJACIÓN

Tras haber relajado el cuerpo en profundidad, puede utilizar cualesquiera de las técnicas mentales que a continuación exponemos para mantener también fija y estabilizada la mente.

1) *Observación del flujo y reflujo de la respiración:* Observe la respiración y siéntala como una ola que viene y va, viene y va. Identifíquese con el flujo y reflujo de la respiración y vacíese de cualquier otro pensamiento. Absorba toda la atención en el «oleaje» de la respiración, que lo va aún relajando más y más, profundamente.

2) *La atención a la exhalación para soltarse más y más:* Enfoque la mente sobre la respiración. Perma-

nezca muy atento a la inhalación, pero, sobre todo, acentúe la atención a la exhalación. Cada vez que suelta el aire, sienta que todo usted se suelta más y más, se afloja, se deja ir, se abandona y desbloquea. Asocie la exhalación con el sentimiento de soltarse más y más, más y más.

3) *Observación del movimiento abdominal:* Efectúe respiraciones abdominales y dirija la atención mental al vientre. Perciba cómo el vientre dilata y vuelve a su posición original con cada inhalación y exhalación. Observe con atención, calma y profunda relajación, el ascenso y descenso del abdomen.

4) *Atención a la sensación táctil de la respiración:* Fije la mente alrededor de la entrada de los orificios nasales, o sea, en las aletas de la nariz. Respirando con naturalidad, concéntrese en el leve roce del aire al entrar y salir, es decir, en la sensación táctil de la respiración. No piense, no divague; permanezca profundamente relajado, profundamente relajado, profundamente relajado.

5) *Observación del fondo negro:* Trate de visualizar un fondo negro e ir oscureciendo su espacio mental tanto como pueda. Si lo necesita, apóyese en una imagen como un fondo negro, una pantalla negra, el espacio oscuro, un velo o lienzo negro, etc. Absorba la mente en la oscuridad, evitando pensamientos, divagaciones o ensoñaciones.

6) *Visualización de infinitud:* Se visualiza la bóveda celeste, inmensa, sin límites. De la misma ma-

nera que el azúcar se disuelve en el agua, deje que toda su mente se absorba en esa imagen de la bóveda celeste y vaya cultivando un sentimiento de expansión, totalidad, infinitud.

7) *Visualizaciones de serenidad:* Se selecciona una imagen que le reporte un sentimiento de quietud y se utiliza como soporte de inspiración para tranquilizarse. Por ejemplo: un lago, una pradera, etcétera.

8) *Recitación del mantra OM:* OM es el ultrasutil sonido de todo lo existente y manifestado. Puede trabajar de varias maneras utilizando el mantra (vocablo) Om. Om es la energía omniabarcante; la vibración universal. Tales maneras son, entre otras:

a) Recite el mantra Om alargándolo tanto como pueda en la mente y haciendo su sonido cada vez más profundo y sutil, dejando que toda la mente se absorba en el Om, más allá de cualquier otra idea o pensamiento, abstrayéndose más y más, más y más.

b) Al inhalar, alargándolo, repita mentalmente OMMM, y al exhalar, alargándolo, repita mentalmente OMMM. Así, una vez por inhalación y una vez por exhalación, abstrayendo más y más la mente, en un estado de máxima quietud.

c) Recite el mantra OM, sienta su vibración y envíela mentalmente a distintas zonas del cuerpo, relajando más y más todo el organismo y en una absoluta profundidad.

9) *Sentimiento de energización:* Este ejercicio, según los yoguis, aumenta la absorción de prana o

fuerza vital. Al inhalar, visualice que se llena y satura de energía (la respiración es una de las más importantes fuentes de prana), y al exhalar, visualice que propaga la energía por todo su cuerpo. Muy atentamente, proceda de esa manera y siéntase mejor y más y más relajado.

EL YOGA NIDRA

El yoga nidra es una antiquísima técnica del yoga para sumergir el cuerpo en un estado de enorme tranquilización y conducir la mente a un estado de silencio total. Los yoguis, desde muy antaño, descubrieron la importancia que tiene conseguir el estado de no-mente o *unmani,* porque cuando las ideaciones cesan, se recobra una energía renovadora y reveladora que está más allá de la mente ordinaria y tiene un gran poder para transformar al individuo y modificar su percepción. En este sentido, el lector interesado encontrará valiosas orientaciones en mi ya citada obra *El punto de quietud.*

El yoga nidra no es, como algunos especialistas han deducido, el yoga del control sobre los sueños, si bien es cierto que aquel que llega a dominar el yoga nidra puede mantener un toque de lucidez incluso cuando está soñando y aun tomar consciencia de los sueños y, según convenga, suprimirlos o modificarlos. Pero, en realidad, el yoga nidra es un método de relajación profundísima, detención psicofísica y aun inmersión para obtener los beneficios reparadores e higienizantes del sueño profundo (sin ensueños), pero manteniendo la consciencia clara y en vigilia. Sería un dormir sin dormir, es decir, un acceder al lado más silencioso de la mente —como sucede en el sueño profundo sin ensueños— manteniendo, empero, la consciencia. Pero en el yoga nidra, el practicante, aunque mantiene la consciencia alerta, se interioriza abismalmente y desconecta la consciencia de la dinámica sensorial. Esta técnica, muy conocida por los radja-yoguis, se llama *pratyahara* o retracción de los órganos sensoriales. Él prácticamente se desconecta de tal manera de su cuerpo y sus funciones sensoriales y psicomentales, que puede permanecer en la fuente del pensamiento en un estado de impavidez absoluta. La consciencia se libera de contenidos y las ideaciones son completamente inhibidas. Hay una sensación desnuda de ser... o no-ser, como queramos expresarlo, puesto que las palabras no pueden expresar aquello que mora más allá de las mismas. En un estado tal, las reactividades mentales van agotando su impulso y el practicante transforma su consciencia, drena su subconsciente y modifica reveladoramente su percepción. Uno se instala en la realidad que se ubica más allá de las funciones psicomentales.

Para dominar el yoga nidra es necesario insistir mucho en la relajación profunda y el vaciamiento de la mente. Muchos místicos han saboreado este estado altamente contemplativo, quedando absortos en la clara y límpida consciencia sin contenidos, donde se revela una realidad inaprensible a través del intelecto. Para ir consiguiendo ese estado se requiere una completa detención del cuerpo y de los procesos psicomentales. El vaciamiento se va logrando mediante la práctica. Ante todo, es necesario insistir en una total inmovilidad del cuerpo y la subsiguiente relajación neuromuscular de carácter muy profundo. Cuando el cuerpo se ha relajado por completo, la mente se desconecta del mismo y el cuerpo se torna insensitivo, esto es, se pierde la noción del cuerpo. La consciencia, pues, se retira del cuerpo. A continuación se introvierte en la pura sensación de ser, quedando absorta en el proceso de ser o existir. La consciencia se retrotrae y repliega sobre sí misma (se puede llevar al corazón o a la concavidad central del cerebro o simplemente a la presencia de ser-estar) y se retira asimismo de los sentidos. Al estar la consciencia en su propia experiencia de ser: como sensación, no como idea, también se desentiende de los procesos psicomentales, que paulatinamente van perdiendo su fuerza y se van acallando. Este peregrinar hacia dentro exige perseverancia y ejercitamiento. Hay yoguis que se sirven para ello del mantra (consultar mi obra *Los yogas esotéricos**) o de la emoción en el Absoluto interiorizado o en sofisticadas prácticas respiratorias o en un buen número de claves y procedimientos que hay para poner término a las ideaciones y desplazarse de la mente ordinaria a la mente supramundana.

El yoga nidra es el dormir-despierto, pero sin imágenes oníricas, ensoñaciones o sueños. El practicante permanece en una especie de estado de duermevela —por así decirlo—, pero con la consciencia

---

* *Los yogas esotéricos*, Editorial Edaf, Madrid, 1990.

clara e inalterada. Cuando el pensamiento cesa, se conecta con lo incondicionado.

ESTIRAR Y SOLTAR

Hay personas que padecen tanta tensión que les cuesta mucho descontraerse y relajarse. Su sistema nervioso está tan alterado, hay tanta crispación en sus músculos y soportan tanta carga de angustia, que encuentran muchas dificultades en efectuar las primeras sesiones de relajación profunda. Pero estas personas —como todas en general, aun las más distendidas— pueden hallar una gran ayuda en la práctica de las posturas del yoga físico, que nos permiten ESTIRAR Y SOLTAR, y, subsiguientemente, desbloquearnos y relajarnos en profundidad. Se alivia la tensión neuromuscular, se seda el sistema nervioso y se facilita la relajación profunda y reparadora. En mi obra *Yoga en casa con Ramiro Calle** he incluido un buen número de posturas corporales o asanas, pero me permito ahora, tras una experiencia didáctica de tres décadas, incluir una tabla muy breve (no necesita más de quince minutos) para que la utilicen aquellas personas que encuentren dificultades en relajarse de manera directa. Si lo hacen después de ejecutar esta tabla de posiciones corporales y técnicas de control respiratorio, seguro que, apoyándose en la ciencia de ESTIRAR Y SOLTAR (como el arco que cumple así su función y proyecta

---

* *Yoga en casa con Ramiro Calle*, Editorial Edaf, Madrid, 1994.

la flecha hacia la diana certeramente), podrán más fácilmente eliminar la tensión y sumirse en relajación profunda.

TABLA ESPECIAL PARA ESTIRAR Y SOLTAR

(INDUCIENDO A LA RELAJACIÓN PROFUNDA)

1.º *La postura de la pinza*

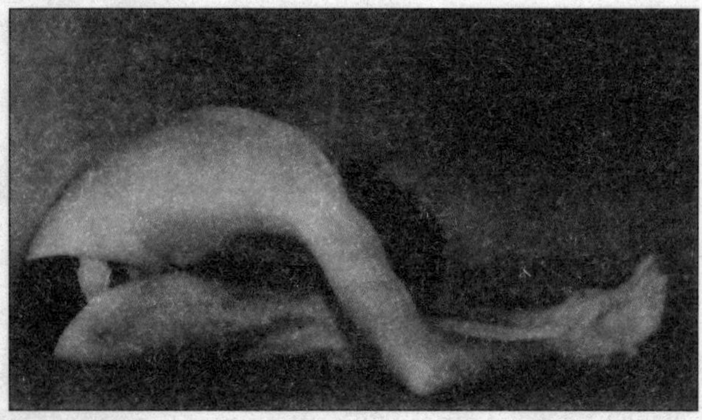

Sentado en el suelo, con las piernas juntas y estiradas, incline lentamente el tronco hacia delante y aproxímelo tanto como pueda a las piernas, sin doblar las rodillas. También aproxime la cara en lo posible a las piernas y los antebrazos al suelo. Haga la postura hasta su límite razonable y sin forzar. Regule la respiración y fije la atención mental en la espina dorsal o en la postura misma. Mantenga la postura de cincuenta segundos a un minuto y deshágala con lentitud. Puede hacer esta postura dos veces.

Estira toda la musculatura posterior del cuerpo; desbloquea; seda el sistema nervioso; elimina la tensión neuromuscular; tonifica los nervios espinales; unifica la acción mental; regula la función glandular en general; estabiliza la acción cardiaca; mejora el riego sanguíneo a todo el cuerpo; induce a la relajación profunda.

2.º *La postura de la cobra*

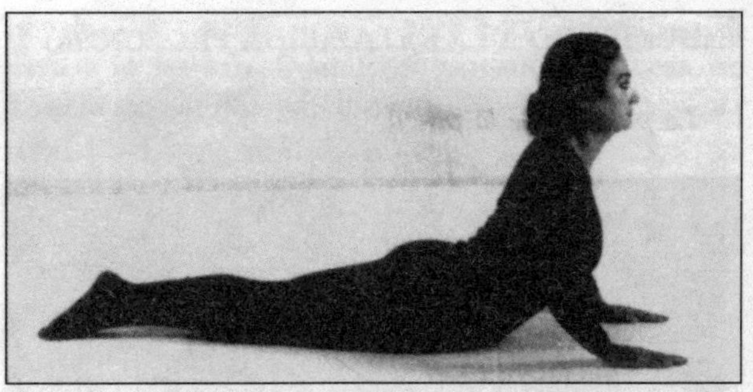

Extendido en el suelo, boca abajo, eleve el tronco y coloque las palmas de las manos contra el suelo, a la altura aproximadamente de los hombros. Apoyándose sobre las palmas de las manos, eleve más el tronco, dejando que el estómago permanezca en el aire, pero procurando que el bajo vientre quede en contacto con el suelo. Los brazos permanecen flexionados, las piernas juntas y la cabeza bien atrás. Regule la respiración y mantenga la mente atenta a la espina dorsal o a la postura misma. Evite forzar. Puede mantener la postura de treinta a cuarenta segundos y efectuarla dos veces.

La postura de la cobra estira y revitaliza los músculos abdominales, pectorales, cuello, hombros y brazos; elimina la tensión de la espina dorsal y el tronco en general; descontrae la musculatura dorsal; estimula el riego sanguíneo y favorece la acción cerebral; ejerce masaje sobre la espina dorsal; previene contra contracturas o ayuda a superarlas y relaja en profundidad.

3.º *La postura de la torsión*

Siéntese en el suelo, con las piernas juntas y estiradas. Flexione la pierna izquierda, y, pasando el pie al otro lado del muslo derecho, coloque la planta del mismo en el suelo, junto al muslo, quedando la pierna doblada y prácticamente en vertical al suelo, como ilustra la fotografía. A continuación, cruce el brazo derecho por encima de la pierna izquierda y, si le es posible, agarre con la mano derecha la pierna izquierda (esto es, la que no permanece estirada). Gire el tronco, los hombros y la cabeza tanto como pueda hacia detrás y apoye la palma de la otra mano en el suelo. Mantenga la postura de cincuenta segundos a un minuto, deshágala lentamente y ejecútela por el otro lado. Haga la postura dos veces por cada lado, con la mente aplicada a la espina dorsal o a la postura misma.

La postura de la torsión es de una excepcional eficacia para estirar toda la musculatura del tronco, eliminando tensiones, crispaciones y contracturas; mantiene joven, resistente y elástica la espina dorsal; ejerce un profundo masaje intraabdominal; tonifica deltoides, trapecio y músculos del cuello; descarga la tensión de los hombros.

4.º *La postura sobre el costado*

Siéntese en el suelo con las piernas juntas y estiradas. Proyecte considerablemente hacia el lado la pierna derecha y doble la pierna izquierda, juntando la planta del pie izquierdo junto a la parte superior e interna del muslo derecho. Eleve los brazos en el aire y deje, lentamente, caer el tronco hacia la pierna estirada, colocando las manos tal como se ilustra en la fotografía y dejando la cabeza entre los brazos. Es una postura lateral, por lo que trate de echarse de lado y no hacia delante. Concéntrese en el costado o en la postura misma, regulando la respiración. Después de mantener la postura de cuarenta a cincuenta segundos, deshágala con lentitud, y efectúela sobre el otro lado. Ejecute la postura dos veces sobre cada pierna.

Esta postura estira y revitaliza toda la musculatura intercostal; tonifica los nervios espinales y la médula espinal; elimina la tensión del tronco; estira la musculatura de las piernas y la desbloquea; ejerce masaje sobre los órganos intercostales; mejora el riego sanguíneo a todo el cuerpo; flexibiliza la columna vertebral.

5.º *La postura de la vela*

Empiece extendido en el suelo, boca arriba y con los brazos a ambos lados del cuerpo. Presionando manos y brazos contra el suelo, eleve las piernas, las caderas y el tronco en el aire, irguiendo tanto como pueda el cuerpo y desplazando su peso hacia los hombros. Doble los brazos y coloque las manos en la región lumbar. La barbilla queda presionada sobre la raíz del tórax y las piernas permanecen juntas y estiradas. Concéntrese en el cuello o en la postura.

Mantenga la postura alrededor de un minuto y deshágala con lentitud. Efectúela una sola vez.

Para deshacer la postura, conduzca primeramente los brazos a la posición inicial y deshaga lentamente la posición.

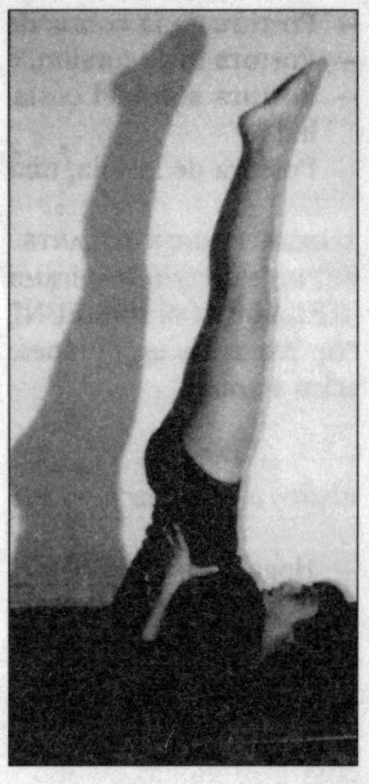

La postura de la vela es una postura de inversión y, como tal, fortalece extraordinariamente la espina dorsal, irriga de sangre la cabeza y favorece el funcionamiento cerebral y de los órganos sensoriales; regula la función de la glándula tiroides; tonifica la acción cardiaca; descansa las piernas en profundidad, descongestionándolas.

Así, la tabla es:

— Postura de la pinza, dos veces.
— Postura de la cobra, dos veces.
— Postura de la torsión, dos veces por cada lado.
— Postura sobre el costado, dos veces por cada lado.
— Postura de la vela, una vez.

APLICAR TAMBIÉN DURANTE CINCO MINUTOS, en relajación, un ejercicio respiratorio y, después, proceder a la RELAJACIÓN PROFUNDA.

Por reacción espontánea y natural, estirar nos inducirá a soltar.

Requisitos a observar para la ejecución de las posturas

— Haga y deshaga lentamente todas las posturas.
— Conduzca la postura hasta su límite razonable y manténgala estáticamente.
— Regule la respiración por la nariz.
— Permanezca muy atento.
— Evite cualquier esfuerzo excesivo y efectúe sólo esfuerzos paulatinos.
— Puede intercalar una pausa de relajación, de unos cuarenta y cinco segundos, entre postura y postura.

NOTA: Esta tabla está al alcance de cualquier persona y necesita sólo unos minutos para su realización, resultando de enorme beneficio psicofísico y psicomental *. Con que una persona lleve la postura hasta su límite, ésta ya desencadena todos sus efectos positivos. Es ideal practicarla diariamente, tanto por personas muy jóvenes como por personas mayores. Favorece la integración psicosomática y baja los umbrales de tensión.

---

* El practicante que desee incorporar más posturas a su programa, puede consultar mi obra *Yoga en casa con Ramiro Calle*, Editorial Edaf.

Aprender a respirar

Prana: La energía de vida

PARA el yoga, la energía universal y omniabarcante, de carácter dinámico y que todo lo anima, es denominada *Shakti*. Shakti hace posible todos los fenómenos, de los más ultrasutiles a los más burdos, es cinética, y es poder que se constela en todas las formas, nombres y sonidos. Hace posible el flujo y reflujo cósmico, la evolución-involución-disolución del Universo. Esta energía que, como fuerza vital, anima al ser humano, es conocida con el nombre de *prana*. Prana es fuerza vital, energía de vida, hálito o aliento. Cuando prana opera armónicamente en el individuo, proporciona equilibrio, salud y felicidad; cuando cursa inarmónicamente, engendra tensiones, malestar y dolor. El yogui aprende a equilibrar, acopiar y reorientar adecuada y sabiamente su prana. Hay una antigua definición de yoga que declara: «Yoga es la unificación de las energías diseminadas». La respiración consciente (pranayama) y la relajación lúcida (savasana) son fuente de prana o energía vital. En la medida en que nos vamos descubriendo a nosotros mismos en profundidad, vamos conectando con prana o el proceso de vida que nos sustenta. Prana está en el origen de nuestra unidad psicosomática. Prana es la vida misma fluyendo en el complejo cuerpo-mente. Si conocemos y controlamos prana, viviremos con mayor plenitud, armonía, contento y bienestar. Quien domina su prana, domina su cuerpo y su mente. Quien logra establecerse en el prana, se abre a la energía universal o Shakti, se expande y se hace uno con el cosmos. Las técnicas de control respiratorio nos enseñan a manipular sagazmente el prana. Como el prana hace posible no sólo la vida del cuerpo, sino también todas las operaciones sensoriales y psicomentales; quien logra controlar el prana, controla asimismo sus órganos sensoriales, su mente y su sistema emocional. Mente y prana están muy interconectados, como se nos dice que la mente es el jinete y la respiración es su cabalgadura. Entre los estados mentales y emocionales y la respiración hay una estrecha relación y recíprocas influencias. Todo estado mental o emocional fija un modo o ritmo de respiración, de igual forma que toda intencionada regulación de la respiración origina un correspondiente estado psicomental. De ahí que los yoguis trabajen con el pranayama para generar específicos y sugerentes estados mentales y emocionales. La restricción de la respiración conduce a la contención del pensamiento. Una respiración muy controlada y lenta favorece la concentración, vacía la mente de pensamientos reactivos, unifica la consciencia. A través del control sobre la respiración se llega al control sobre la mente, como a través del dominio sobre la mente se modifica el ritmo respiratorio. En la meditación profunda, el ritmo respiratorio no es el habitual; se modifica sin que nos lo propongamos. Del mismo modo, cuando efectuamos pranayama, se altera el curso de la mente. Prana y mente se interrelacionan muy estrechamente. El prana o energía vital anima el cuerpo, pero también hace posible todas las operaciones intelectivas y emocionales. Gracias al prana funcionan los órganos sensoriales, son posibles las sensaciones y funcionan mente y sistema emocional. Hay yoguis que a través de un enorme control sobre la respiración y subsiguientemente sobre el prana, han logrado un extraordinario sometimiento de su cuerpo y de sus órganos psicomentales. Hay un gran secreto en el pranayama, y lo descubriremos en la medida en que practiquemos. Con razón, el mismo Krishnamurti practicaba asiduamente prolongadas sesiones de pranayama. El control respiratorio higieniza, limpia, ordena y pacifica. Cuando la mente, a través de la suspensión de la respiración, se vacía de inútiles contenidos y se remansa en un silencio perfecto, se revelan realidades que están más allá del pensamiento.

Todo ser humano es un universo en miniatura o microuniverso. Somos baterías o acumuladores de prana, y hay mucho prana a nuestra disposición. Pero malgastamos nuestra energía de muchas maneras: dispersión mental, obsesiones y fricciones, venenos emocionales (odio, celos, avidez, etc.), anhelos compulsivos, pereza, desasosiego y muchas otras. Pero las técnicas yóguicas, y entre ellas la respiración consciente y controlada, proporcionan y estabilizan la energía; silencian el cerebro y lo purifican; unifican la consciencia. La mente del ser humano puede entrar en tres estados. Es muy fluctuante y a menudo pasa de uno a otro, lo que también se puede observar más nítidamente durante la práctica meditacional. Estos tres estados son: agitación *(rajas)*, torpor *(tamas)* y pureza *(sattva)*. Las prácticas yóguicas tratan de ir conduciendo a la mente pura o sátvica, que proporciona armonía, contento, energía y sosiego. El pranayama purifica y estabiliza la mente. La sustancia que forma la mente es vivificada por prana. Si controlas prana, pacificas la sustancia mental. Además, así es posible conectarse con la energía universal y armonizarse con ella. Si prana es la energía que todo lo origina y que es la bisagra entre el ser humano y la potencia cósmica, dominando prana, viajamos a través de él hacia el Cosmos. No son conceptos ni palabras; son experiencias reveladoras y altamente modificadoras. El prana abastece de vida a todos los seres sintientes. Es transindividual, pero opera también individualmente. Del mismo modo que el agua que anima a las plantas y flores es la misma, aunque éstas sean diferentes, el prana que nos sustenta a todos es el mismo.

El prana está en la sangre, en las células, en las neuronas y en general en el complejo materialmente. Pero conforma, asimismo, el cuerpo energético, que se corresponde con el físico y lo interpenetra. En este cuerpo de energía hay centros energéticos y canales por los que circula la energía: son los denominados, respectivamente, chakras y nadis. En el ser humano la energía se polariza y se torna solar-lunar, es decir, positiva-negativa, centrífuga-centrípeta, caliente-fría. Cuando hay una perfecta armonización de la energía positiva y negativa, masculina-positiva, hay salud, bienestar y equilibrio. La ruptura de nivel proporciona malestar y enfermedad, incluso muerte. Cuando el prana se retira del cuerpo (y lo hace por los orificios), se produce la muerte, o, dicho al contrario, cuando uno muere, el prana escapa por todos los orificios del cuerpo. El yogui realizado, empero, saca su prana por la abertura de la cabeza.

La respiración (y respiramos de quince a veinte veces por minuto habitualmente) fluyendo por la fosa nasal derecha enfatiza la energía positiva; por la fosa nasal izquierda, la negativa. Es el equilibrio de fuerzas centrífugas y centrípetas en el ser humano; la alternancia de energías masculinas y femeninas, solares y lunares. Cuando una persona está perfectamente sana y equilibrada, respira dos horas por una fosa nasal y dos horas por la otra. De ello se encarga, sabiamente, la membrana mucosa. Pero como hay muy pocas personas sanas de mente y cuerpo, la alternancia no es tan regular. Los yoguis conocen una docena de procedimientos para que se abra uno u otro orificio nasal, como he expuesto en algunas de mis obras. El aire por una y otra fosa también equilibra la temperatura del organismo. La fosa nasal derecha transporta energía caliente, y la derecha, energía fría. Es también el juego de las potencias catabólicas y anabólicas. Los conocimientos fisiológicos experienciales de los antiguos yoguis eran realmente soberbios. Las técnicas de pranayama regulan perfectamente las energías. Así, el pranayama es fuente de salud, vitalidad y armonía. Se nos especifica que, desde la medianoche al mediodía, el prana circula por los nervios, en tanto que del mediodía a medianoche los hace por las venas y arterias. Así fluctúa el ánimo, el talante y el tono vital según las horas del día. De acuerdo con ello, el yogui sabe incluso cuándo es mejor practicar y meditar. Son momentos muy especiales la conjunción de la noche y el día y la del día y la noche. El prana opera menos intensamente avanzada la noche y al amanecer. Es un momento de calma, pero también de riesgo para el cuerpo y puede producirse más fácilmente la muerte. Lo mismo puede suceder al anochecer. Para el yogui es esencial que el prana circule fluida y armónicamente. Dispone de muchas técnicas para equilibrar el prana, entre ellas todas las de hatha-yoga (consultar mi ya citada obra *El yoga en casa*). El prana, operando en los diferentes centros energéticos, rige los distintos elementos: tierra, agua, fuego, aire y éter. Quien domina el prana dominará también estos elementos, facilitará la salud y la longevidad, se hará más ecuánime y resistente. Estos elementos están todos en el organismo. Cuando se desequilibran, se produce malestar y enfermedad. También hay tres elementos orgánicos en el cuerpo sobre los que el yogui trabaja mucho para armonizarlos. Son: sangre, linfa y aire. El prana operando en el cuerpo, por otro lado, hace posible todas las funciones orgánicas y se subdivide en cinco pranas y cinco subpranas, que se encargan de todos los procesos orgánicos, hasta de los aparentemente más insignificantes, como el hipo o la tos. A través de las técnicas de pranayama, el yogui también se empeña en controlar todos los pranas y subpranas. De hecho la retención del aliento sirve para unificar la energía ascendente y la descendente. El prana hace posible la dinámica de los cinco órganos sensoriales, pero también la de los órganos de acción: reproducción, excreción, manipulación, etc. Controla, pues, los cinco sentidos sensoriales y los cinco sentidos de la acción. Así, según el prana esté más equilibrado o no, este control será más hábil o más difuso. Toda la sensibilidad y sentido de la orientación es gracias al prana.

Cuando se produce la concepción, prana entra en acción sobre el ser humano. Forma y conforma el embrión; está ya, obviamente, en el espermatozoide y en el óvulo. El prana ya no nos deja hasta que se produce la muerte definitiva. Durante toda la vida, operando mejor o peor, hará posible todas las funciones y procesos psicofísicos.

Reabastecemos nuestro prana a través de la respiración, el alimento, el descanso (y relajación), el sueño y las impresiones mentales. Si estas fuentes de energía las mejoramos, dispondremos de mayor energía. Tanto las técnicas de respiración como las de relajación intensifican y mejoran la acción del prana. Es importante que la energía fluya libremente. Cuando hay cortocircuitos y bloqueos, el prana se estanca. Los yoguis ponen especial atención en despejar los canales energéticos de impureza.

El control sobre el prana (y a ello favorece estrechamente la respiración yóguica) hace posible el control sobre el cuerpo, la mente y el semen. Pero, además, el pranayama favorece el corazón, los pulmones, las fibras eferentes del vago y las vías respiratorias en general. Se aprovecha mejor el alimento ingerido y las horas de sueño, con lo cual sería posible comer menos y dormir menos. Durante la noche, el prana se recoge en el pericardio. Una vez despiertos, comienza a operar por los canales energéticos y a cumplimentar todas las funciones psicofísicas. Los yoguis recomiendan un ejercicio consistente en tomar consciencia del estado intermedio entre la vigilia y el sueño, cuando empiezan a producirse las primeras ensoñaciones. Para los yoguis, y a lo largo de las horas de sueño, la mente entra sólo unos once minutos en el sueño sin ensueños. Entonces hay un remansamiento intenso de prana, un descanso muy profundo y una desconexión con los órganos sensoriales. Es un vacío altamente reparador; una meditación natural. La actividad mental cesa durante esos pocos minutos, pues el resto de las horas de sueño siguen produciéndose pensamientos a través de imágenes oníricas, lo que también juega una función de limpieza y desbloqueo psicológico. Los sueños tienen, obviamente, su realidad. Son otro nivel de realidad. Para los yoguis hay cuatro estados de mente: mente con ensueños, mente sin ensueños, mente de vigilia y mente supraconsciente o supracotidiana. Solamente mediante el trabajo interior para la evolución de la consciencia es posible aspirar a la mente supracotidiana, que revela realidades de orden superior y que representa una mutación de la consciencia.

Para acceder al lado más silente y quieto de la mente (consultar mi obra *El punto de quietud*), los yoguis se sirven de la suspensión del aliento y la inmovilidad de la mente. Al inhibir los procesos pensantes ordinarios, brota otro modo de conocimiento. Se ponen los medios para que se manifieste la *sabiduría de la quietud,* con su lenguaje suprarracional y liberador. Como reza la antigua instrucción yóguica, «sólo cuando se acalla el griterío de los pensamientos, se escucha la voz reveladora del ser interior».

Aprendiendo a respirar y aprendiendo a relajarnos, estaremos accediendo a la energía que está en la fuente del cuerpo y de la mente. Cuando cesan todas las actividades psicomentales y el cuerpo se detiene, la energía que anima el proceso cósmico, nos expande y purifica. La primera clave consiste *en parar.* La segunda, *en mirar y comprender desde la pureza de la mente.* Entonces despunta la visión pura, a la que se refiere Patanjali, y la visión penetrativa *(vipassana)* a la que invita el Buda; esto es, la visión desveladora y reveladora, libre de ofuscación, avidez y odio, y en cuyo espacio sin límites se maridan la inteligencia primordial y la compasión infinita.

Los principales
ejercicios respiratorios

Todos los ejercicios de este apartado preparan para la ejecución de las técnicas de pranayama propiamente dicho. Son ejercicios purificatorios y energizantes, que asimismo cultivan la atención mental, desarrollan la concentración, sedan y desbloquean.

Todas las prácticas respiratorias pueden ejercitarse en alguna de las tres posturas reflejadas en las fotos, según su mayor comodidad y experiencia en yoga. En caso contrario, utilice una silla y recuerde mantener la espalda bien derecha y las palmas apoyadas en los muslos.

Respiración abdominal

— Extendido sobre la espalda, sentado o de pie, inhale lentamente por la nariz y dirija el aire hacia el abdomen y el estómago.

— A continuación, y también por la nariz y aproximadamente en el tiempo que invirtió para la inhalación, exhale lentamente.

— Mantenga la atención mental dirigida hacia el estómago.
— Si efectúa correctamente esta respiración, al tomar el aire, el estómago dilata, en tanto que vuelve a su posición inicial al exhalarlo.
— Realice este ejercicio durante cinco o diez minutos. Inhale tanto como pueda y exhale totalmente el aire, pero evite cualquier esfuerzo.

BENEFICIOS:

— Ejerce un saludable masaje abdominal.
— Seda el sistema nervioso, desbloquea e induce a la relajación profunda.
— Perfecciona el sistema respiratorio.
— Previene contra trastornos gastrointestinales.

Respiración intercostal

— Extendido sobre la espalda, sentado o de pie, inhale lentamente por la nariz y conduzca el aire hacia la zona media del tórax y los costados.
— Exhale lentamente por la nariz en el mismo tiempo aproximado de la exhalación.
— Si ejecuta correctamente esta respiración, al tomar el aire dilata la zona media del pecho, que vuelve a su posición inicial al exhalarlo.
— Realice la respiración de cinco a diez minutos.

BENEFICIOS:

— Purifica y perfecciona el aparato respiratorio.
— Amplía la capacidad pulmonar.
— Ensancha la caja torácica.
— Previene contra trastornos respiratorios.

Respiración clavicular

— Extendido sobre la espalda, sentado o de pie, inhale lentamente por la nariz y dirija el aire hacia la zona más alta del tórax, hacia los hombros.
— Exhale lentamente por la nariz en el mismo tiempo aproximado que invirtió para la inhalación.
— Si realiza correctamente esta respiración, al inhalar dilata todo el tórax, que vuelve a su posición de partida al exhalar.
— Efectúe este ejercicio de cinco a diez minutos.

BENEFICIOS:

— Perfecciona todo el aparato respiratorio.
— Estimula los alvéolos pulmonares.
— Ensancha la capacidad torácica.
— Tonifica los músculos torácicos.
— Previene contra trastornos respiratorios.
— Mejora la acción cardiaca y circulatoria.

Respiración completa

— Extendido sobre la espalda, sentado o de pie, inhale lentamente por la nariz y dirija el aire hacia el vientre y el estómago; continúe inhalando sin interrupción y lleve el aire hacia la zona media del pecho y los costados; prosiga inhalando sin interrupción y dirija el aire hacia la parte más alta del tórax. Se trata, pues, de una inhalación lenta y pausada por la nariz, llevando el aire desde la zona más baja del abdomen a la zona más alta del tórax, pasando por la región intercostal. Si se ejecuta correctamente esta forma de inhalar, dilatarán en primer lugar el vientre y el estómago y luego el tórax. Evite forzar y permanezca muy atento a todo el proceso.

— Exhale lentamente por la nariz en el mismo tiempo aproximadamente consumido en la inhalación.

— Ejecute este ejercicio alrededor de diez minutos.

BENEFICIOS:

— Perfecciona considerablemente todo el aparato respiratorio y previene contra desórdenes del mismo.

— Energiza y revitaliza.

— Seda el sistema nervioso central y equilibra las emociones.

— Desarrolla la capacidad de atención y concentración.

— Regula la acción cardiaca.
— Favorece el máximo aprovechamiento de las energías.
— Mejora la función cerebral.
— Despeja de impureza los canales de energía y el prana puede circular más libremente por los mismos.

Requisitos a observar para los ejercicios respiratorios descritos

— La inhalación y la exhalación duran, aproximadamente, el mismo tiempo, aunque no es necesario observar una precisión matemática. Puede calcularse el tiempo o recurrir a contar.
— Hay que habituarse a inhalar tanto como se pueda y exhalar tanto como sea posible, pero evitando cualquier esfuerzo.
— La atención mental debe estar muy enfocada sobre todo el proceso, es decir, que hay que evitar la dispersión y divagaciones mentales.
— Todo esfuerzo está contraindicado.

Respiraciones completas con retención

Una vez se haya perfeccionado lo suficiente la respiración completa, se puede introducir el tiempo de retención entre la inhalación y la exhalación. Se efectúa una inhalación completa, se hace una pausa de retención y luego se exhala en el mismo tiempo que se inhaló. Puede comenzar el practicante por retener tres segundos e ir aumentando lenta y progresivamente el tiempo de retención hasta el límite razonable, según la propia capacidad pulmonar y evitando cualquier esfuerzo.

Además de los beneficios propios de la respiración completa, con retención se intensifica el aprovechamiento de energías y se aumenta la capacidad de concentración, interiorización y unificación mental. También se actúa más eficientemente sobre la acción cardiaca.

Se puede acompañar la respiración completa con retención de la siguiente visualización:

— Al inhalar, se visualiza que uno está tomando energía (prana) y se está llenando de vitalidad, resistencia y vigor.
— Durante la retención se visualiza que esta energía se está asimilando y distribuyendo armónicamente por todo el cuerpo.
— Al exhalar, se visualiza que se están expulsando las energías-residuos.

La respiración completa con retención puede ejecutarse en alrededor de diez minutos.

Todos los ejercicios hasta ahora descritos también pueden efectuarse caminando por un parque o el campo, y bastará con tener la columna vertebral y la cabeza erguidas. Se pueden aprovechar los pasos para calcular los tiempos de inhalación, retención y exhalación.

Respiración purificadora

— De pie, bien erguido, efectúe una inhalación completa por la nariz, tomando tanto aire como pueda, pero sin forzar.
— A continuación, y en el mismo tiempo aproximadamente invertido para la inhalación, exhale por la boca todo el aire, como si soplara. Ponga especial atención para exhalar todo el aire, para lo que debe en último momento contraer los abdominales.
— Ejecute esta respiración durante cinco o diez minutos, visualizando que toma energía y purifica todo su cuerpo y mente.

BENEFICIOS:

— Fortalece los tejidos pulmonares.
— Beneficia los alvéolos pulmonares.
— Energiza y despeja los senos frontales.
— Desbloquea y relaja.

Respiración purificadora invertida

— De pie, bien erguido, efectúe una inhalación completa por la boca, tomando tanto aire como pueda, pero sin forzar.
— A continuación, y aproximadamente en el mismo tiempo de la inhalación, exhale el aire por la nariz, poniendo especial interés para soltarlo todo.
— Realice este ejercicio de cinco a diez minutos.

BENEFICIOS:

— Tonifica todo el organismo.
— Estimula el rendimiento.
— Refresca y revitaliza.

Respiración desintoxicadora

— De pie, bien erguido, efectúe una exhalación completa por la nariz, llenando hasta el límite los pulmones, pero sin forzar.
— A continuación, exhale todo el aire de los pulmones por la boca, en tres o cuatro ráfagas muy fuertes, como si quisiera apagar una vela muy distante.
— Ejecute el ejercicio de ocho a diez minutos.

BENEFICIOS:

— Descongestiona la cabeza.
— Purifica los senos frontales.
— Proporciona energía y vitalidad.
— Ayuda a superar la ansiedad, la psicastenia y el estrés.
— Fortalece los tejidos pulmonares.

Respiración rítmica

— Extendido en el suelo, preferiblemente en relajación profunda, efectúe una inhalación completa. Retenga siete segundos. Exhale profundamente en el mismo tiempo que inhaló. Retenga siete segundos.

— Esta respiración es como la respiración completa, con la salvedad de que se aplica una retención a pulmón lleno y una a pulmón vacío. Ambas duran lo mismo. Si siete segundos le resultan demasiado, aplique 6-6 ó 5-5, y si, por el contrario, siete le son insuficientes, aplique 8-8 ó 9-9. En cualquier caso, no fuerce y permanezca muy atento.

— Ejecute esta respiración durante diez o doce minutos.

BENEFICIOS:

— Seda el sistema nervioso y lo equilibra.
— Favorece la acción cardiaca.
— Regula el pulso y favorece todos los ritmos orgánicos.
— Pacifica las emociones e induce a la relajación profunda.
— Favorece la interiorización y calma la mente.
— Previene contra la psicastenia, el estrés, la agitación, el cansancio, el insomnio y la angustia.
— Desarrolla la concentración.

Respiración cuadrada

— Extendido sobre la espalda y relajado, efectúe una inhalación completa. Retenga el aire el mismo tiempo que demoró en exhalarlo. Efectúe una exhalación total, en el mismo tiempo de la inhalación y la retención y aplique una retención a pulmón vacío del mismo tiempo que a pulmón lleno.

— Si invirtió, por ejemplo, seis segundos al inhalar, deberá aplicar el mismo tiempo aproximado a la retención a pulmón lleno, a la exhalación y a la retención a pulmón vacío. O sea, los cuatro tiempos duran lo mismo aproximadamente.

— Mantenga la mente bien atenta y no realice esfuerzos.

— Puede ejecutar esta respiración durante diez minutos o más.

BENEFICIOS:

— Intensifica la capacidad de concentración y desarrolla la atención mental pura.

— Regula el funcionamiento glandular.

— Estabiliza la acción cardiaca.

— Seda el sistema nervioso central.

— Previene contra trastornos de tensión, ansiedad y angustia en general.

— Elimina la tensión neuromuscular.

Técnicas de la respiración yóguica
(Pranayama)

UJJAYI: LA VICTORIOSA

La respiración Ujjayi, la que vence, la triunfadora, como indica su nombre, es extraordinariamente eficiente para purificar los pulmones y fortalecer el corazón.

Para ejecutar esta técnica, adopte una postura de meditación lo más estable posible o bien siéntese firmemente en una silla o taburete, con el tronco muy erguido. Incline la cabeza y deposite la barbilla contra la raíz del tórax o la hendidura yugular. Exhale el aire totalmente y, a continuación, lentamente y por la nariz, inspire para llenar hasta el límite los pulmones, a la vez que contrae considerablemente las paredes del abdomen. Clausure ambas fosas nasales y retenga el aire tanto como pueda sin forzar. Abra la fosa nasal izquierda y expulse el aire por ella aproximadamente en el doble de tiempo que lo inhaló. Permanezca muy atento a todo el proceso respiratorio.

RESUMEN:

— Inhalación lentamente por ambas fosas nasales hasta el límite, abarcando toda la caja torácica y acompañando ya la inhalación con control abdominal considerable.
— Retención libre, esto es, cada persona según su capacidad, pero evitando forzar.

— Exhalación siempre por la fosa nasal izquierda en el doble de tiempo invertido para la inhalación.

Todo el tiempo se mantiene la barbilla firmemente apoyada en el tórax y, por tanto, la glotis parcialmente cerrada, por lo que al inhalar y exhalar se produce un ruido sibilante, como el leve sollozo de un niño.

Se efectúa esta respiración al menos diez minutos. Puede producir mucha transpiración cuando se hacen periodos prolongados y el sudor no debe secarse, sino restregarse por el cuerpo con las propias manos. Si se lleva a cabo la técnica paseando, no es necesario inclinar la cabeza y el aire puede ser expulsado por ambas fosas nasales.

Cuando se haya obtenido la habilidad necesaria, puede comenzarse a aplicar la técnica de control de esfínteres nasales durante la retención. También se podrá ir muy lentamente aumentando el tiempo de retención.

Para clausurar las fosas nasales, el yoga utiliza el pulgar de la mano derecha para la fosa derecha y los dedos meñique y anular de la mano derecha para cerrar la fosa izquierda, dejando las yemas de los dedos medio e índice plegadas contra la palma de la mano. Pero, si lo prefiere, sírvase para tal fin de los dedos anular —para la fosa derecha— e índice —para la fosa izquierda.

BENEFICIOS:

— Elimina las flemas.

— Mejora el funcionamiento glandular en general y de manera muy directa el de la glándula tiroides.
— Equilibra y tonifica el sistema nervioso.
— Purifica los pulmones y mejora su capacidad.
— Regula los jugos gástricos y ejerce masaje intraabdominal.
— Elimina las toxinas e higieniza el cuerpo en general.
— Favorece el funcionamiento cerebral.
— Beneficia la acción cardiaca.
— Seda el sistema nervioso y combate las fluctuaciones mentales.
— Aumenta muy considerablemente la absorción y acumulación de prana.
— Eleva el tono vital y ayuda a combatir la depresión, la psicastenia y la pereza.
— Previene contra el estrés, trastornos nerviosos diversos, hipotensión, dispepsia, asma y trastornos respiratorios.
— Aumenta la capacidad de contracción.
— Estimula el riego sanguíneo.
— Aumenta la capacidad de resistencia, acción y rendimiento de todo el cuerpo.
— Favorece el sueño y aumenta el apetito.

SURYABHEDA: RESPIRACIÓN SOLAR

Esta respiración es denominada como solar porque el aire se toma siempre por el orificio nasal derecho, considerando que es por el que circula la energía positiva o solar. Para ejecutar este ejercicio de pranayama, siéntese erguido y clausure la fosa nasal izquierda. Inspire lentamente por la fosa nasal derecha hasta llenar totalmente el tórax, con control abdominal, pero menos pronunciado que el del ujjayi. Efectúe la retención (preferiblemente con llave del mentón y llave de esfínteres nasales cuando haya perfeccionado la técnica) y, después, exhale en el doble de tiempo que inspiró por la fosa nasal izquierda, esto es, clausurando durante la exhalación la fosa nasal derecha.

Siempre se inhala por la fosa nasal derecha y se exhala por la fosa nasal izquierda. Realice el ejercicio de diez minutos en adelante. Durante la inhalación y la exhalación la cabeza permanece erguida.

BENEFICIOS:

— Purifica los senos frontales.
— Energiza.
— Vigoriza los tejidos pulmonares.
— Equilibra las energías.
— Previene contra la rinitis, la cefalgia y el reúma.
— Combate la hipotensión.
— Ayuda a combatir la depresión y la psicastenia.

KAPALABHATI: LA PURIFICADORA CEREBRAL

Se trata de una técnica respiratoria de excepcionales efectos para purificar los senos frontales, fortalecer el corazón y prevenir determinados trastornos de las vías respiratorias. La respiración kapalabhati propiamente dicha carece del tiempo de retención *(kumbhaka)*. Es muy vigorosa, y por ello que exija ser realizada, preferiblemente, en una postura muy firme, con el tronco bien erguido, al igual que la cabeza.

Inhale profundamente y a continuación exhale por completo el aire de los pulmones, contrayendo para ello las paredes abdominales, que juegan un papel muy notable en este ejercicio. A continuación, permita que el aire —si ha exhalado a fondo, lo hará casi automática y pasivamente— penetre en el abdomen-estómago, para seguidamente soltarlo en una fulminante exhalación. Permita que acto seguido vuelva a producirse la inhalación y exhale como una ráfaga. La exhalación se acompaña de una vigorosa contracción de las paredes del abdomen. Proceda así hasta que experimente los primeros síntomas de fatiga:

— Inhalación pasiva, que insume aproximadamente cuatro veces más de tiempo que la exhalación.

— Exhalación muy activa, como una ráfaga, con empuje hacia dentro de las paredes abdominales.

Cuando empiece a notar fatiga, suspenda el ciclo de inhalaciones y exhalaciones, y efectúe algunas respiraciones profundas. Totalmente descansado, proceda con el siguiente ciclo. Puede efectuar varios ciclos, de acuerdo con su capacidad y evitando siempre cualquier esfuerzo. Se trata de una respiración básicamente abdominal, que tiene lugar por la nariz. No se aplica ninguna de las llaves.

BENEFICIOS:

— Favorece el aparato respiratorio en general, fortaleciendo mucho los tejidos pulmonares.
— Purifica la sangre y perfecciona el sistema circulatorio.
— Equilibra el metabolismo.
— Ayuda a combatir el frío, regula la función pránica y aumenta la capacidad de resistencia del cuerpo.
— Tonifica vigorosamente las vísceras y órganos del abdomen.
— En las mujeres beneficia los ovarios y en los hombres la próstata.
— Previene contra afecciones pulmonares y asma.
— Favorece la concentración mental.
— Induce a una ulterior relajación profunda.

BHASTRIKA: EL FUELLE

Esta técnica de pranayama es conocida como el fuelle debido a que, al ejecutarla, el aire produce el sonido de un fuelle, toda vez que la inhalación y la exhalación se efectúan muy rápidamente. Admite dos posibilidades: ser ejecutada con el abdomen (el abdomen dilata al tomar el aire y se retrotrae al expulsarlo) o con el tórax (el tórax dilata en la inhalación y se retrotrae en la exhalación), y, dependiendo de ello, entrarán en actividad el vientre o el pecho.

Tras haber ejecutado un ciclo de rápidas inhalaciones y exhalaciones, muy activas y poco profundas, se descansa cuando el practicante experimente fatiga. Se realizan varias respiraciones profundas y se ejecuta otro ciclo, y así sucesivamente. Se pueden llevar a cabo varios ciclos. Por último, muchos yoguis aplican un ciclo de respiraciones alternadas y hacen unos momentos de relajación profunda.

Si se practica la modalidad torácida, el pecho asciende y desciende rápidamente con la inhalación y la exhalación; si se trata de la modalidad abdominal, es el vientre el que lo hace. Algunos autores también hacen referencia a una modalidad que incluiría la dilatación de estómago-pecho con la inhalación, pero si se aplica el bhastrika a la velocidad indicada, tal técnica es impracticable. Así como en el kapalabhati, la exhalación es, aproximadamente, cuatro veces más corta que la inhalación, en esta práctica de pranayama la inhalación y la exhalación son breves, igualmente activas y duran lo mismo.

Otra modalidad de bhastrika consiste en efectuarlo por una sola fosa y, después, por la otra. Hay una última modalidad a reseñar que consiste en aplicar el bhastrika alternando por una y otra fosa, pero si se sigue la velocidad indicada, es muy difícil manejar la apertura y clausura de los orificios nasales.

Así como en el kapalabhati los ciclos pueden comportar de treinta a sesenta o setenta inhalacionesexhalaciones, en el bhastrika hay yoguis que los llevan hasta varios centenares; pero siempre hay que evitar cualquier esfuerzo, y mucho más las personas con trastornos coronarios, pulmonares o de hipertensión, que deben siempre consultar con su médico.

BENEFICIOS:

— Despeja los senos frontales.
— Previene contra sinusitis y trastornos afines.
— Activa la circulación sanguínea.
— Tonifica el hígado y el páncreas.
— Mejora el funcionamiento del cerebro.
— Aumenta los jugos gástricos.
— Vigoriza el organismo.
— Despeja los conductos energéticos (nadis) y permite una mejor circulación del prana.
— Previene contra trastornos respiratorios, desórdenes nerviosos, asma y anemia.
— Perfecciona la actividad cerebral.

NADI SODHANA

Bien erguido, cierre la fosa nasal izquierda e inhale lentamente por la fosa nasal derecha hasta cubrir por completo de aire los pulmones, con control abdominal. A continuación, abra la fosa nasal izquierda, cierre la fosa nasal derecha y exhale por aquélla. Seguidamente, sin dejar de tener cerrada la fosa nasal derecha, inhale por la izquierda, para cerrarla a continuación y exhalar por la derecha. Así:

— Inhalación por la fosa nasal derecha.
— Exhalación por la fosa nasal izquierda.
— Inhalación por la fosa nasal izquierda.
— Exhalación por la fosa nasal derecha.
— Inhalación por la fosa nasal derecha..., y así sucesivamente.

Siempre se inhala por la fosa nasal por la que se ha exhalado y se exhala por la contraria a la que se ha inhalado.

Cuando haya perfeccionado la técnica, aplique la retención del aliento y las dos llaves complementarias. La exhalación se puede hacer en el mismo tiempo que la inhalación o en el doble de tiempo. Mantenga la mente muy atenta a todo el proceso. Ejecute la práctica alrededor de diez minutos, preferiblemente habiendo despejado las fosas nasales previamente.

BENEFICIOS:

— Estabiliza la mente.
— Purifica los senos frontales.
— Despeja los canales energéticos.
— Aumenta la capacidad de concentración.
— Estabiliza las energías.
— Armoniza los elementos orgánicos.

SUKHA PURVAK

Se trata de una respiración alternada como la anterior, pero que sigue la fórmula de tiempo 1-4-2, esto es:

— La retención debe durar cuatro veces el tiempo empleado para la inhalación.
— La exhalación dura el doble que la inhalación.

Si, por ejemplo, un practicante invierte cinco segundos en inhalar, retendrá veinte segundos y exhalará durante diez segundos, siempre evitando cualquier esfuerzo y con la mente muy vigilante. Se puede practicar de diez a quince minutos.

BENEFICIOS:

— Purifica y despeja los canales energéticos, que permiten un fluir más libre del prana.
— Regula las distintas funciones orgánicas psicomentales del prana.
— Activa la circulación sanguínea.
— Favorece el control sobre el sistema nervioso.
— Pacifica el sistema emocional.
— Favorece la introversión mental.
— Estimula el proceso digestivo.
— Purifica las vías respiratorias.
— Incrementa la capacidad de concentración.

ANULOMA PRANAYAMA

Una vez seleccionada y adoptada la postura de meditación para ejecutar el pranayama, se mantiene el tronco muy erguido, pero se inclina la cabeza y se fija la barbilla firmemente contra la raíz del tórax. Con control abdominal, se inspira profundamente por la nariz y se ejecuta una retención a pulmón lleno hasta donde sea posible, sin forzar.

Cerrando la fosa nasal izquierda, se exhala por la fosa nasal derecha en el doble de tiempo aproximadamente que se inhaló.

A continuación se vuelve a inhalar por ambas fosas, se ejecuta la retención y, cerrando ahora la fosa nasal derecha, se exhala por la izquierda en el doble de tiempo que se inhaló.

Así concluye un ciclo del anuloma pranayama. Se trata, pues, de:

— Inhalación por ambas fosas nasales.
— Retención.
— Exhalación por la fosa nasal derecha.
— Inhalación por ambas fosas nasales.
— Exhalación por la fosa nasal izquierda.

Todo ello con control abdominal y la exhalación en el doble de tiempo empleado para la inhalación. Durante la retención, aplicar el mulabandha o llave de esfínteres anales.

Se puede realizar de ocho ciclos en adelante, siempre con la mente muy atenta.

BENEFICIOS:

- Se estimulan todas las funciones mentales.
- Se equilibran las energías positivas y negativas, regulándose la función del prana y los subpranas.
- Se regula la acción cardiaca.
- Se obtiene un considerable dominio sobre el aparato respiratorio.
- Se despejan las impurezas de las vías respiratorias.
- Se mejora el riego sanguíneo a todo el cuerpo.
- Se aumenta la capacidad de resistencia del organismo.
- Se combate la tensión neuromuscular y psicomental.

PRATILOMA PRANAYAMA

Adoptada la postura, con el tronco erguido, incline la cabeza y apóyela con firmeza contra el tórax, es decir, la barbilla contra la hendidura yugular o raíz del pecho.

Cerrando la fosa nasal izquierda, inspire lentamente por la fosa nasal derecha hasta llenar totalmente de aire los pulmones.

Cierre ambas fosas y efectúe la retención según su capacidad.

Exhale por ambas fosas en el doble de tiempo que inhaló aproximadamente.

A continuación, cierre la fosa nasal derecha e inhale lentamente por la izquierda.

Efectúe la retención y exhale en el doble de tiempo por ambas fosas. Así habrá cubierto un ciclo de este pranayama.

Se trata, pues, de lo siguiente:

— Inhalación por la fosa nasal derecha.
— Retención.
— Exhalación por ambas fosas en el doble de tiempo de la inhalación.
— Inhalación por la fosa nasal izquierda.
— Retención.
— Exhalación por las dos fosas.

Puede efectuar de ocho ciclos en adelante, muy atento y evitando cualquier esfuerzo.

BENEFICIOS:

— Desarrolla la atención pura y la concentración.
— Seda el sistema nervioso y hace posible una relajación muy profunda.
— Purifica las vías respiratorias y ayuda a ejercer un estrecho control sobre las mismas.
— Previene contra trastornos respiratorios, sinusitis y catarros crónicos.
— Regula todas las funciones del prana y los subpranas.
— Estabiliza la acción cardiaca y regula el pulso.
— Elimina la tensión neuromuscular y emocional.
— Introvierte la mente y pacifica las emociones; desbloquea; purifica los canales energéticos.

VILOMA PRANAYAMA

Primera fase:

Erguido y fijando el mentón contra la raíz del tórax, inspire por la nariz durante dos segundos.

Aplique una pausa de dos segundos y vuelva a inspirar durante dos segundos. Aplique otra pausa de dos segundos y prosiga así sucesivamente:

— Dos segundos de inhalación.
— Dos segundos de pausa.
— Dos segundos de inhalación.

Continúe con esta fórmula hasta haber llenado los pulmones de aire. Entonces ejecute una retención tan prolongada como le permita su capacidad y sin forzar (aplicando mulabandha).

Por último, exhale lentamente hasta vaciar por completo los pulmones. Entonces habrá concluido un ciclo del viloma pranayama en su primera fase.

Puede ejecutar de diez ciclos en adelante.

Segunda fase:

Tras haber realizado la primera fase, haga respiraciones habituales un par de minutos. Después, bien erguido, fije la barbilla en la raíz del tórax e inhale lentamente por ambas fosas nasales hasta llenar de aire los pulmones.

Aplique la retención según su capacidad.

Efectuada la retención, exhale durante dos segundos y haga una pausa de dos segundos. Vuelva a exhalar durante dos segundos y a hacer una pausa de dos segundos. Proceda así hasta haber expulsado todo el aire de los pulmones, es decir:

— Exhalación dos segundos.
— Pausa dos segundos.
— Exhalación dos segundos.

Así habrá concluido un ciclo de la segunda fase del viloma pranayama. Puede efectuar de diez ciclos en adelante.

Anuloma, viloma y pratiloma también se puede realizar en posición de decúbito supino, y en tal caso se prescindirá de la fijación de la barbilla en el tórax.

BENEFICIOS:

— Complementando las dos fases, se logra un excelente control sobre el prana en todas sus formas y funciones; se purifican los canales energéticos; se armoniza la energía en los centros energéticos.
— Se desarrolla la atención y la concentración.
— Se equilibra el sistema glandular.
— Se armonizan los humores orgánicos: linfa, sangre, aire, etcétera.
— Se elimina la tensión neuromuscular y se seda el sistema nervioso.
— Se previene contra psicastenia, estrés y angustia.
— Se higieniza el aparato respiratorio.

— Se fortalecen los pulmones y se benefician los alvéolos pulmonares.

REQUISITOS Y OBSERVACIONES
SOBRE EL PRANAYAMA

— La inspiración debe ser lenta y profunda, llenando totalmente de aire los pulmones.

— La exhalación debe ser total, para renovar completamente el aire de los pulmones. Para ello habrá que efectuar una ligera contracción de las paredes abdominales. Si la exhalación es total, la inhalación se produce automáticamente.

— Buena parte de los ejercicios de pranayama exigen el control de la musculatura abdominal. Este control es especialmente pronunciado en la respiración ujjayi, pero más leve, aunque consistente, en las otras técnicas. El aire, pues, no debe dilatar el vientre ni el estómago. Los músculos se mantienen ligeramente contraídos, no permitiéndoseles que distiendan con la entrada de aire. Este control no rige como tal ni para el bhastrika ni para el kapalabhati.

— Excepto en el bhastrika y en el kapalabhati, en la mayoría de los ejercicios, la exhalación debe consumir, aproximadamente, el doble de tiempo que la inhalación.

— Excepto en el bhastrika y kapalabhati, en la mayoría de los pranayamas, la inhalación y la exhalación se efectúan lentamente por la nariz.

— Salvo en el bhastrika y el kapalabhati, la mayoría de los pranayamas exigen el tiempo de retención o *kumbhaka*. El practicante nunca debe forzar y cada uno respetará su límite razonable. Además, si uno se excede en la retención, el aire no puede exhalarse con lentitud. Con la práctica, el practicante logra ampliar el tiempo de la retención y va ganando en control sobre sus pulmones y aumentando el volumen del aire.
— Durante la retención, para potenciar aún más los efectos, pueden aplicarse las llaves de mentón y esfínteres anales.
— Para ejecutar los prayamas es conveniente haber limpiado bien las fosas nasales, a fin de despejarlas de impurezas y que el aire fluya más fácilmente.
— Es preferible ejecutar los pranayamas con el estómago vacío.
— Si se ejecuta una sesión larga de pranayama (de quince minutos en adelante), es mejor luego hacer unos minutos de relajación profunda. Muchos yoguis recomiendan ingerir luego un vaso de leche fresca.
— Durante la ejecución del pranayama, la mente debe estar muy atenta a todo el proceso. Una vez se domina la técnica, se puede aplicar la visualización:

- Se toma energía al inspirar.
- Se distribuye la energía por todo el cuerpo durante la retención y se consigue un máximo aprovechamiento de la misma.
- Se exhalan los residuos al expulsar el aire.

— Para realizar las técnicas, cuide siempre de que el tronco esté totalmente erguido.

— Si no logra estar estable y erguido en una postura clásica de meditación, siéntese, para la ejecución del pranayama, sobre una silla, banco o taburete.

— Todo esfuerzo está absolutamente contraindicado. Si el practicante padece del corazón o pulmones, debe siempre consultar con su médico y, en todo caso, ser muy precavido con la práctica y evitar las retenciones.

— Los pranayamas pueden llevarse a cabo sin la aplicación de las llaves de control muscular, pero los efectos se incrementan cuando éstas son ejecutadas y, además, favorecen el control sobre el aliento.

— Si se presenta cualquier síntoma desagradable durante la práctica, suspéndala y respire con normalidad.

— Una sesión de pranayama puede durar de diez minutos en adelante.

TÉCNICAS DE HIGIENE NASAL Y DE CONTROL DE ENERGÍAS

Para facilitar la ejecución del pranayama (ejercicios de control respiratorio), por un lado, e intensificar los efectos que el mismo desencadena, por otro, es conveniente recurrir a la realización de la limpieza de las fosas nasales y a la aplicación de las técnicas de control de energías. Mediante la limpieza nasal, será más fácil efectuar las inhalaciones y exhalaciones, al tener despejadas las fosas nasales y permitir que el aire fluya más libremente. Asociando los ejercicios de control respiratorio con las técnicas de control de energías —consistentes en la acción sobre determinados músculos—, se aprovecha mejor el prana o fuerza vital y se incrementan los beneficios.

TÉCNICAS DE HIGIENE NASAL

Hay numerosos métodos, milenarios, para la limpieza de los conductos nasales. Todos ellos, además de higienizar las fosas y liberarlas de impurezas, previenen contra catarros crónicos, rinitis, sinusitis y otros trastornos afines. Explicamos tres modalidades:

1.ª Se recoge una cantidad de agua tibia en el hueco de la mano. Inclinando la cabeza ligeramente hacia detrás, se desliza el agua de la mano por los orificios nasales, a la vez que se reabsorbe suavemente el agua. A continuación el agua se expulsa por la boca.

Aunque es más difícil, el proceso puede invertirse, tomándose agua por la boca y expulsándola por la nariz; pero bastará con poner en práctica el proceso que hemos explicado primero y que está al alcance de cualquier persona. Se efectúa varias veces, para limpiar todas las mucosidades, y luego, preferiblemente, se zarandea la cabeza a uno y otro lado unas cuantas veces para favorecer el secado de los conductos nasales. Hay que evitar sorber vigorosamente.

2.ª Con la ayuda de una tetera (en la India se utiliza a tal fin una jarrita llamada lota), se lleva a cabo este eficaz ejercicio de limpieza nasal y que es relativamente fácil de ejecutar. Se llena la tetera de agua tibia y, si se desea, ligeramente salada. Inclinando y ladeando la cabeza, se inserta el extremo de la tetera en uno de los orificios nasales. Hallando la posición adecuada de la cabeza (que se consigue enseguida con un poco de práctica), se logra que el agua penetre por una fosa nasal y salga por la otra. Luego se invierte el proceso y se deja que entre el agua por la otra fosa. Tras la operación de limpieza, zarandear a uno y otro lado la cabeza para secar los conductos nasales. También puede uno sonarse vigorosamente.

3.ª Ésta es, sin duda, la modalidad más difícil de ejecutar, aunque es fácil si se aprende directamente de un instructor. Si no se cuenta con la enseñanza directa de un instructor, es mejor ayudarse tan sólo de las dos modalidades anteriores, ya que con ellas el proceso de limpiezas es perfecto y no se requiere de esta tercera modalidad. Para llevar este método a cabo hay que servirse de un fino cordel o similar, que debe lubricarse adecuadamente en agua tibia, leche o mantequilla. Se inserta el extremo del cordel tanto como sea posible, y en lo más hondo, pues, de una de las fosas nasales y se sorbe vigorosamente para que aparezca en la garganta. Entonces, con la ayuda de los dedos índices y pulgar de la mano, se extrae el cordel y se repite la operación por la otra zona. El cordel entra por la fosa nasal y se saca por la boca. Se repite la operación varias veces por ambas zonas.

Las técnicas de higiene nasal, además de los efectos preventivos e incluso curativos que desencadenan, ayudan a ejecutar mucho más fácilmente las técnicas de control respiratorio, al facilitar más fluidamente la inhalación y la exhalación.

TÉCNICAS DE CONTROL DE ENERGÍAS Y ACCIÓN MUSCULAR

En el yoga (consultar nuestra obra *Yoga en casa*) existen numerosas técnicas de acción muscular para un mejor aprovechamiento de la energía. Se denominan *mudras* y *bandhas*. Dos de estas técnicas son de excepcional eficacia para intensificar los beneficios de las técnicas del pranayama. Tales son «la llave del mentón» y «la llave de los esfínteres anales». Se trata de contracturas que permiten un mayor aprovechamiento del prana y todas sus modalidades y subsiguientes funciones. Ambas «llaves» sirven para evitar que la energía se escape y controlarla más estrechamente. Estas «llaves» se aplican, por lo general, durante la retención del aire, y así incrementan los beneficios que se derivan de dicha retención.

1.ª *La llave del mentón:* Consiste en estirar el cuello tanto como se pueda, inclinar la cabeza y presionar vigorosamente el mentón contra la hendidura yugular o la raíz del tórax, contrayendo también y preferiblemente la musculatura del cuello. La espina dorsal debe estar muy erguida.

Tras la inhalación y antes de la exhalación, esto es, durante la retención, se aplica la «llave del mentón», preferiblemente asociada con la «llave de los esfínteres anales».

BENEFICIOS:

— Mejorar el aprovechamiento de las energías.
— Facilita la retención del aire y evita que el mismo se escape.
— Previene contra dolencias de la garganta.
— Ejerce un benéfico masaje sobre la glándula tiroides, mejorando y regulando su funcionamiento.
— Tonifica el plexo laríngeo.
— Fortalece los músculos del cuello y vértebras cervicales.
— Revitaliza la médula oblonga.
— Facilita la introversión mental y la concentración.

2.ª *La llave de los esfínteres anales:* Consiste en contraer muy vigorosamente los esfínteres anales —tanto el externo como el interno—. Se aplica esta técnica durante la retención del aire, aunque también puede practicarse independiente de la misma.

Beneficios:

— Facilita el control sexual.
— Favorece el aprovechamiento del prana.
— Colabora en la reorientación y transmutación de las energías.
— Previene contra las hemorroides.
— Tonifica el recto, los esfínteres anales y el epididimo.
— Previene contra trastornos del recto y contra las hemorroides.
— Ayuda a combatir el estreñimiento y facilita la evacuación.

La asociación de la «llave del mentón» y la de la «llave de los esfínteres anales» hace posible la perfecta coordinación de las energías ascendentes y descendentes (prana y apana). Si se combinan con la práctica de los ejercicios de pranayama, deben llevarse a cabo durante la retención del aire, es decir, ejecutar ambas llaves nada más acabar la inhalación y deshacerlas cuando vaya a comenzarse la exhalación.